새아침의 명상 ⑤

한마디 말의 영원한 의미

이 희 구 편

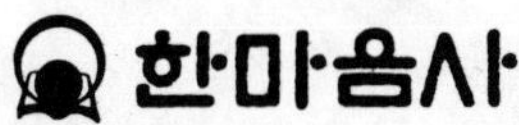

머리말

탁월한 사상가나 저술가가 남긴 명언·명구에는 그들의 인생관과 사상, 예지가 응축되어 있습니다. 그들이 남긴 한마디 한마디에는 오늘을 사는 우리의 삶에 지침이 되는 귀중한 교훈이 담겨 있습니다.

때로는 우연히 눈앞에 스친 짧은 한마디의 명언이 그 사람의 마음을 뒤흔들고 한 사람의 인생을 뒤바꾸는 경우도 있습니다. 그만큼 한마디 명언에 응축된 선인들의 인생관은 감동의 깊이가 큰 것입니다.

많은 선지자들이 후세에 영향을 주는 명언들을 남기고 수많은 사람들의 입에 오르내리며 크고 작은 감동을 주고 있지만 우리는 무심결에 흘려버리는 일이 많습니다. 하나 하나 음미해 보면 모두가 그 나름의 깊은 뜻을 담고 있습니다.

여기에 모은 것은 그중의 일부에 불과합니다. 많은 구절을 모아 일부를 제하고는 편자 나름의 해설을 붙였습니다. 그러나 해설은 명언명구를 음미하기 위한 일종의 힌트에 불과할 뿐 그 말을 남긴 저자의 의도와는 크게 동떨어진 내용일 수도 있습니다. 똑같은 말이라 하더라도 듣는 이의 생각이나 환경에 따라 전혀 다른 의미와 영향을 줄 수도 있습니다. 여기에 실은 편자 나름의 해설과 전혀 다른 각도에서 해석해 봄으로써 그 말의 배후에 있는 의미를 음미할 수도 있으므로, 독자 여러분도 나름의 활용을 해주시기 바랍니다.

모쪼록 선인들이 남긴 귀중한 한마디 말을 항상 가까이에 두고 일상의 친구로서 틈틈이 음미해 본다면 그때마다 색다른 감동을 가져다 주리라는 것만은 분명히 약속할 수 있습니다.

옛부터 많은 사람들에게 풍요하고 충족된 인생을 보내는데 지침을 주어온 이 명언들은 분명 당신에게도 많은 교훈을 주리라 확신합니다.

한마디 말의 영원한 의미

◇이 책을 읽기 전에◇

□ 각 문장의 배열은 테마별로 분류되어 있습니다. 목적과 필요에 따라 찾기 쉽도록 배려한 형식상의 구분일뿐 일부는 읽는 이에 따라서는 다른 테마로 분류할 수도 있습니다.

□ 각 명언명구에는 인명과 출전을 명시하고 뒤에 간략한 인물소개와 문헌소개를 실었습니다.

□ 출전의 소개에서 인명이 확실한 것은 인명을 밝혔으나 속담과 같이 불확실한 경우 서양에서 흔이 전해오는 말들은 서양속담으로, 동양에서 전해오는 말들은 속담으로, 유태격언과 유태경전에 나온 것들은 유태격언으로 통일하여 소개했습니다.

차 례

제1장
꿈과 희망을 주는 한마디의 말

사람이 세상에 태어나 일생을 살아가다 보면 수많은 실망과 좌절, 실패를 경험하게 됩니다. 그러나 실망과 좌절, 실패가 있음으로써 희망이 있고 좌절에서 다시 일어서는 재기가 있고 실패를 거울로 삼는 성공이 있습니다.

누구에게나 실패와 좌절, 실망은 괴롭고 가슴아픈 것입니다. 그러나 비온 뒤에 땅이 굳어지듯이 그러한 시련이 있기에 더욱 알찬 미래가 있을 수 있고, 굴곡이 있음으로써 인생의 순항에 대한 고마움을 느낄 수 있으며, 불행이 있음으로써 행복의 가치를 깨닫는 것입니다.

삶이 고통스러울 때, 해결하기 어려운 문제에 부딪쳤을 때 한번 더 음미해보고 용기를 얻을 수 있는 선인들의 귀중한 한마디 말을 여기에 모았습니다. 그들도 역시 당신과 비슷한 시련이나 실망, 좌절을 맛보며 삶의 진실을 깨달았을 것입니다. 여기에 모은 한마디 말이 당신의 인생을 살찌우고 더 나은 내일을 약속해 주는 희망의 말이 되리라 믿습니다.

과오를 뉘우치는데 때가 늦는 일은 없다는 서양속담이 있습니다. 어제의 실패에 연연해서는 안 됩니다. 이미 지나간 실패에 구애하지 않고 새로운 꿈과 희망을 품고 오늘 하루를 열심히 살아가는 지혜를 살리는 사람에게는 분명 밝은 미래가 열릴 것입니다.

과오를 뉘우치는데 때가 뒤늦은 일은 없다

[서양속담]

[논어]에도 과오를 범하거나 허물을 고치는데 서슴지 말라는 말이 있다. 또한 "잘못을 범하고도 이것을 고치려고 하지 않는 것이 바로 잘못이다"라는 말도 있다. 잘못을 뉘우치고 고친 시점에서는 이미 그 잘못은 잘못이 아니다. 자기의 잘못을 깨달았다면 솔직하게 과오를 시인하고 즉시 고치는 솔직담백성을 젊은 시절부터 익혀야 한다.

좋은 시작은 좋은 결과를 낳는다

[서양속담]

시작이 순조롭게 진행되면 모든 일이 원만하게 되어간다는 의미로 모든 일에서 최초의 중요성을 교훈으로 가르치고 있다. '시작이 좋아야 끝이 좋다'의 서양판.

學者如牛毛 成者如麟角(학자여우모 성자여린각)

이연수(李延壽) [북사(北史)]

학문에 뜻을 둔 사람은 많지만 실제로 그 뜻을 이루는 사람은 드물다. 많은 사람이 성공과 출세를 원하지만 그들이 모두 대성하는 것은 아니며 그런 의미에서 성공은 쉬운 것이 아니라는 뜻.

□□□ [고사성어 한마디]

呵呵大笑(가가대소) 껄껄 크게 소리내어 웃음.

의지가 있는 곳에 길이 있다

[서양속담]

정신일도하사불성(精神一到何事不成)의 서양판이다. 사람들은 흔히 쉽게 일에 착수했다가 실패하면 금방 단념해 버리는 경향이 있다. 어떤 일이 있어도 반드시 해내고 말겠다는 굳은 의지가 있다면 어떤 난관이든 반드시 헤쳐나갈 길이 열린다는 말이다.

살아서는 만인의 영웅이 되고 죽어서는 장사(壯士)의 귀감이 되라

왕찬(王粲) [영사시(詠史詩)]

"생위백부웅 사위장사규(生爲百夫雄 死爲壯士規)" 살아 있는 동안에는 뛰어난 영웅이 되고 죽어서도 장사의 귀감이 된다는 말이다. 오늘날에는 사회 전체가 여성화되어가는 경향이 있다. 어느 시대를 살아가건 남성은 남성다워야 한다. 오늘을 살아가는 세상의 젊은 남성들에게 늠름하고 남자다운 삶을 살아가도록 지침으로서 전하고 싶은 말이다.

행운에 짓눌리지 않으려면 불운을 참아내는 것보다 더욱 큰 덕이 필요하다

라 로슈푸코 [잠언록]

□□□ [고사성어 한마디] ———

家給人足(가급인족) 집집마다 풍족하고 사람마다 넉넉하여 세상살기가 좋음.

루이 14세 시대에 활약한 도덕가의 날카로운 인간심리분석의 한마디. 넉넉한 환경에 만족하지 않고 항상 겸허한 향상심을 가지려면 인간으로서의 큰 자제심이 필요하다. 좋은 조건에 놓여 있으면 자기본위로 빠지게 되고 결국은 그 좋은 조건을 만나서도 피해 버린다. 득의양양하게 높아진 콧대가 꺾이기 전에 이 명언에 귀를 기울이라.

옷은 새로 입을 때부터 아끼고 이름은 젊을 때부터 아끼라

푸시킨 [대위의 딸]

이름을 아낀다는 것은 명성을 더럽히지 않는다는 뜻이다. 체면에 구애하지 않고 앞뒤 생각없이 무턱대고 밀고 나가려는 젊은이라면 자기의 명예를 지키는 것도 때로는 중요하다는 사실을 명심해야 한다.

죄악으로 출세하는 자도 있고 미덕으로 영락하는 자도 있다

셰익스피어 [자에는 자로]

세상 일은 항상 공평한 결과가 나오는 것은 아니다. 공평을 바라면서 현실의 불공평을 탄식하는 일도 있다. 그런 절망의 늪에 있는 사람은 이 대사를 냉소적으로 음미하고 불공평이 언제까지고 계속되지 않는다는 것을 교훈으로 삼아 자신을 격려하기 바란다.

□□□ [고사성어 한마디]

家無儋石(가무담석) 담(儋)은 두 섬, 석(石)은 한 섬을 뜻하는 말로, 집에 저축한 것이 전혀 없음을 이르는 말.

세사람이 걸으면 반드시 스승이 있다

[논어]

"삼인행 필유아사언(三人行 必有我師焉)" 아무리 적은 숫자의 집단이라도 반드시 자기의 귀범이 될 만한 사람이 있다는 말로써, 주위의 사람들을 살아 있는 삶의 거울로 삼아 자신의 품행을 바로잡으라는 말.

사고라는 요소를 전혀 내포하지 않고는 의미를 가진 경험이란 있을 수 없다

존 듀이 [민주주의와 교육]

경험을 인간생활의 모든 영위로 중시했던 듀이는 사고나 인식을 매개로 하는 경험은 인간만이 갖는 것이라고 생각했다. 현실의 곤란을 해결하기 위하여 생각하고 선택하고 판단하는 바로 그 경험을 통하여 인간은 성장하는 것이다.

스승은 문으로 인도할 뿐이며 수행은 각자에게 있다

[속담]

선생은 입문까지의 기초 지식을 가르쳐줄 뿐이고 그 다음은 전적으로 본인이 스스로 어떻게 배우느냐에 달려 있다. 교육을 통해 얻는 것은 초보적인 지식이고 본인의 노력이 있어야만이 성과가 오르는 것이다.

[고사성어 한마디]

加持祈禱(가지기도) 병이나 재난을 면하기 위하여 신불에게 기도하는 일.

일을 즐기면 인생은 극락이다. 일을 의무로 생각하면 인생은 지옥이다

고리키 [수렁]

정년퇴직을 한 후라도 사람은 일을 해야만 늙지 않는다. 우리 인생의 대부분은 일로 소모된다. 그래서 그 일을 즐기고 있는 사람에게는 인생이 극락이지만 일을 고통이라고 생각하는 사람에게는 인생은 지옥이 된다. 인생을 극락으로 하느냐 지옥으로 하느냐는 그 사람의 일에 대한 자세로 결정되는 것이다.

소인은 시작은 있으되 끝이 없다

[진서(晋書)]

"소인유시무종(小人有始無終)" 사려분별이 없는 사람은 일을 시작할 수는 있으나 끝까지 완성하지 못한다는 뜻이다. 무슨 일이든간에 도중에 만나는 곤란을 극복하고 성과가 나올 때까지 수행하는 것이 중요하다.

인생에 왕복차표는 없다. 한번 출발하면 두 번 다시 돌아오지 않는다. 그렇다면 한번뿐인 인생을 헛되이 보낼 수 있겠는가

로망 롤랑 [매혹된 영혼]

□□□ [고사성어 한마디]

刻苦勉勵(각고면려) 몹시 애를 쓰고 정성을 들임. =刻苦精勵

인생은 편도승차권으로 여행을 떠나는 것. 결코 되돌아올 수는 없고 다시 시작할 수도 없는 것이다. 그리고 그 목적지를 정하는 것은 나 자신이고 어떠한 여행을 할 것인지 결정하는 것도 나 자신일 뿐이다.

少壯不努力 老大徒傷悲(소장부노력 노대도상비)

[고락부(苦樂賦)]

젊을 때에 게을리 하면 나이를 먹어 후회하고 한탄만 한다는 가르침이다. 젊은 시절에는 모든 가능성을 가지고 있지만 그 젊음이 영원한 줄만 알고 방심하여 허송세월을 보내기 쉽다. 체력과 지력을 갈고 닦아 더 늙기 전에 뜻을 펴라.

인심은 파란과 같고 세로는 굴곡이 있다

이백(李白) [고풍(古風)]

"인심약파란 세로유굴곡(人心若波瀾 世路有屈曲)" 순풍에 돛을 단 배처럼 모든 일이 거침없이 되어가기는 힘들다. 특히 젊은 시절에는 내가 걷는 길만이 험난한 것처럼 느껴진다. 그러나 그것은 피할 수 없는 현실의 모습이다. 그 현실에서 외면하지 말고 용감하게 맞서는 사람만이 뜻을 이룬다.

인생의 목적은 행위에 있는 것이지 사상에 있는 것이 아니다

칼라일 [영웅숭배론]

□□□ [고사성어 한마디]

刻骨難忘(각골난망) 남에게 입은 은혜가 뼈에 새기어지어 잊혀지지 아니함.

사상을 신주처럼 모시고 섬겨도 아무런 가치가 없다. 아무리 훌륭한 사상이라도 실행에 옮겨야만 비로소 가치가 생기는 것이다. 주의주장만 제창하고 실행력이 부족한 사람의 정곡을 찌르는 말이다.

좁은 문으로 들어가라

[신약성서 마태복음]

앙드레 지드의 소설제목을 통해 우리의 귀에 익숙해 있는 귀절이다. "고난의 길로 통하는 길은 넓고 그곳으로 들어오는 사람은 많다. 그러나 생명으로 통하는 길은 좁고 그것을 발견하는 사람은 적다." 특히 젊은 사람이라면 넓고 편한 길보다는 애써 노력해 볼 필요가 있는 고난의 길을 선택함으로써 진정한 삶의 의미를 깨달을 수 있기 바란다.

시간이 있을 때 장미꽃을 따라. 시간은 그침없이 흐르고 오늘 미소짓는 꽃도 내일은 시든다

헤릭 [젊은 여성에게]

젊은 여성에게 품는 '연심'이나 '서로 사랑하는' 것을 뜻하는가? 매우 상징적인 말이다. 여하튼 젊은 시절은 두번 다시 오지 않으며 그 젊음도 피어난 꽃이 시들어 버리듯 얼마 후에는 되찾을 수 없는 운명이다. 그래서 장미꽃을 빨리……하라는 말이다.

□□□ [고사성어 한마디]

衎衎大笑(간간대소) 얼굴에 화기를 띠고 크게 소리내어 웃음.

천일의 근학(勤學)보다 한때의 명장(名匠)

[속담]

장기간 독학하는 것보다는 단기간이라도 우수한 지도자에게 배우는 것이 효과적이라는 말이다. 물론 근면한 자세가 쓸모없다는 말은 아니다. 우수한 교사, 선배, 상사에게 가르침을 받는 것은 학생이나 후배 부하의 특권이다. 그 만남을 소중히 하고 배움의 기회를 살리는 것은 하나의 능력이라고 할 수 있을 것이다.

천리길도 한걸음부터 고산도 티끌에서

백거이(白居易) [속좌우명병서(屬座右銘并書)]

천리길의 장거리 여행도 최초의 한걸음에서 시작되고 높은 산도 작은 먼지가 쌓여 이루어진다는 말. 무슨 일이든 첫걸음부터 차근차근 시작하면 큰 결과를 얻을 수 있다.

지식은 힘이다

홉즈 [인간론]

지식은 모든 것을 움직이는 힘이 될 수 있다. 그러나 형체만 남은 지식으로는 아무런 힘도 되지 않는다. 지식이 힘을 발휘하기 위해서는 항상 갈고 깊이 파고 새로운 것으로 변모시켜야 한다. 그 지식이 새로운 세계를 만들어내는 것이다.

□□□ [고사성어 한마디]

艱難辛苦(간난신고) 갖은 고초를 다 겪어 몹시 고되고 괴로움.

男兒一言重千金(남아일언 중천금)

[속담]

남자라면 한번 입에 담은 말은 무슨 일이 있어도 지켜야 한다는 말이다. 또한 남자의 한마디 말은 그러한 굳은 결의로 뒷받침 되어야 한다는 뜻이기도 하다. 비록 힘이 없더라도 남자라면 이 정도의 각오가 필요하다. 그런 각오만이 오늘의 비지니스 사회에서도 신뢰를 얻을 수 있는 것이다.

천재란 1퍼센트의 인스피레이션과 99퍼센트의 땀방울이 만드는 것이다

에디슨 [신문 인터뷰]

인스피레이션은 누구에게나 있다. 그것을 알찬 열매로 이끌어가는 것이 중요하다. 세상에서 천재라고 일컫는 사람들은 모두 노력을 거듭하여 성과를 올린 사람들이다.

얕은 지식만큼 위험한 것은 없다

포프 [비평론]

포프는 독학으로 그 재능을 꽃피운 18세기 영국의 시인이다. 벼는 이삭이 커질수록 고개를 숙인다는 우리의 속담도 말해주듯이 어설픈 지식으로 아는 체하는 것만큼 위험한 것은 없다. "선무당이 사람 잡는다."

□□□ [고사성어 한마디] ——————————

艱膽相照(간담상조) 서로 진심을 터놓고 사귐.

때맞춰 면학에 힘쓰라, 세월은 사람을 기다리지 않는다

도잠(陶潛) [잡시(雜詩)]

"급시당면려 세월부대인(及時當勉勵 歲月不待人)" 及時는 호기가 온다는 뜻. 아무리 배우고자 하는 자세를 가지고 있더라도 나이를 먹으면 기억력이 떨어지고 새로운 착상도 좀체로 떠오르지 않는 법이다. 그때가 되어서야 사람은 비로소 젊은 시절에 더 배워두지 못했음을 후회한다. 그러한 후회가 없도록 젊음이라는 호기를 놓치지 말고 면학에 힘쓰라는 가르침이다.

독서에는 3도가 있다. 심도, 안도, 구도가 그것이다

주희(朱熹) [훈학재규(訓學齋規)]

"독서유삼도 위심도안도구도(讀書有三到 謂心到眼到口到)" '到'는 집중하는 것. 책을 읽으려면 정신을 집중하여 내용을 이해하고 눈을 각장에 응시하고 1자1구를 음미하듯이 낭독해야 한다. 독서에는 양도 중요하지만 그것보다는 질이 더욱 중요하다.

독립할 기력이 없는 자는 반드시 남에게 의존한다, 남에게 의존하는 자는 반드시 사람을 두려워한다, 사람을 두려워하는 자는 반드시 남에게 아첨한다

후꾸자와유키치 [학문의 권유]

□□□ [고사성어 한마디] ———

間於齊楚(간어제초) 약자가 두 강자 틈에 끼어 괴로움을 겪음.

남에게 의존하는 자는 그 사람이 싫어할까 두려워서 볼꼴 사납게 아첨하기에 이르는 것이다. 자기 일에 자신이 없는 사람일수록 상사에게 아첨하는 잔꾀를 익히고 주위 사람에게 미움을 받는다. 자기 일을 착실히 익히고 그 성과로 평가받는 인간으로 성장하는 것이 중요하다.

뛰기 전에 보라.

[서양속담]

비약하기 전에 도약지점과 도착지점의 모습, 달리는 길의 안전과 풍향 등에 세심한 주의를 기울여야 한다. 그리고 일단 뛰기 시작했을 때는 뛰는 것 이외에 다른 것은 생각하지 말고 오직 달려야 한다.

친구라는 이름만큼 흔한 것이 없고 진솔한 친구만큼 진귀한 것도 없다

라 퐁텐 [우화]

학창시절에는 친구라고 생각한 사람이라도 어느 사이엔가 소원해진다. 그것은 진솔한 친구가 아니었기 때문이다. 이해관계가 얽힌 사업의 세계에서는 더욱 친구를 사귀기 힘들다. 젊은 시절에 평생을 사귈 수 있는 친구를 만드는 것은 무엇보다 소중한 재산이다.

□□□ [고사성어 한마디] ――――――――――

渴而穿井(갈이천정) 목이 마를 때 비로소 우물을 판다는 뜻으로, 일을 당해서 시작하면 이미 때가 늦음의 비유.

호랑이는 죽어서 가죽을 남기고 사람은 죽어서 이름을 남긴다

[십훈초(十訓抄)]

야수의 왕자인 호랑이는 죽어서도 그 가죽이 귀중하게 여겨진다. 그런 반면 사람은 큰 명예를 얻거나 공적을 올림으로써 죽어서도 그 이름을 후세에 알린다. 모름직이 젊을 때부터 그것을 명심하고 자기에게 주어진 일에 최선을 다하여 자기 이름을 소중히 여기라는 가르침이다.

시작에 두 번이란 없다

[속담]

실패하면 다시 시작하면 된다고 안이한 마음자세로 일에 임하면 반드시 실패하게 된다. 처음에 실패하고 다시 시작하는 것은 또다른 시작일 뿐이다. 무슨 일이든 시작할 때는 신중하게 준비해야 한다. 모든 일에 시작은 한번밖에 없는 것이다.

사람은 금전을 시간보다 중히 여기지만 그것 때문에 잃어 버린 시간은 금전으로는 살 수 없다

[유태격언]

□□□ [고사성어 한마디]

甘泉先渴(감천선갈) 물맛이 좋은 샘물은 이용하는 사람이 많아서 일찍 마른다는 뜻으로, 쓸모있는 사람은 그만큼 많이 쓰이어 일찍 쇠퇴한다는 말.

금전적으로, 물질적으로 득이 된다 싶으면 사람들은 그것을 얻기 위해 소모한 시간에 대해서는 망각하기 쉽다. 특히 젊은이는 하찮은 손득 때문에 청춘이라는 무엇과도 바꿀 수 없는 시간을 낭비하는 어리석음을 발휘해서는 안 된다. 돈이나 물질은 열심히 일하면 얻을 수 있으나 일단 잃어 버린 시간은 되찾을 수 없다.

부도덕 중의 가장 으뜸은 자기가 모르는 직업을 갖는 것이다

[나폴레옹 어록]

세상에는 프로페셔널과 아마추어의 2종류가 있다. 이 양자의 차이는 기술의 우열이 아니라 생활기반에 있다. 거기서 프로에게는 일에 대한 집착심이 싹트고 긍지가 생기는 것이다. 좋은 아마가 프로가 되는 것이 아니라 프로는 처음부터 프로로서의 기반과 각오를 가지고 있는 것이다.

먼저 의심하라, 다음에 탐구하라, 그리고 발견하라

바클 [영국문명사]

이 말은 학문을 지칭하여 말해진 것이다. 창조성이 강하게 요구되고 있는 오늘의 사회에서 더욱 빛이 나는 말이다. 매사를 철저하게 조사하고 연구하고 새로운 방법을 찾아내는 것이 곧 새로운 미래를 여는 것이다.

□□□ [고사성어 한마디]

邯鄲之步(한단지보) 자기의 본분을 잊고 마구 남의 흉내를 내면 양쪽을 다 잃게 됨의 비유.

보려고 하지 않는 자만큼 맹목인 자는 없다

[서양속담]

불치의 병이나 사고로 눈이 먼 사람이 다른 감각기관을 갈고 닦아 건강한 사람 이상으로 사물의 본질을 파악하는 마음의 눈을 갖는 일이 있다고 한다. 하물며 멀쩡한 눈을 가지고 있으면서 아무것도 보려고 하지 않는, 또는 보지 못하는 둔감한 사람이 세상에는 얼마나 많은가?

구하라, 그러면 얻을 것이다. 찾으라, 그러면 발견될 것이다. 두드리라, 그러면 열릴 것이다

[신약성서 마태복음]

흔히 '산상수훈'으로 일컬어지고 그리스도를 따라 모여든 군중에게 사랑과 정의에 대하여 말한 설교의 한 귀절이다. '할 수 없다'는 말을 쉽게 내뱉는 자에게는 용기를 내어 일에 착수하고 있는가, 최선을 다하고 있는가라고 묻고 싶다. 문앞에 쭈그리고 앉아 아무것도 하지 않으면 문은 열리지 않는 것이다.

세상에 나가는 방법은 두가지밖에 없다. 자기 자신의 노력에 의존하든가 타인의 어리석음을 이용하는 것이다

라 브뤼에르 [사람은 가지가지]

□□□ [고사성어 한마디]

甲論乙駁(갑론을박) 서로 다른 사람의 설(說)의 잘못을 논하여 반박함.

궁정과 귀족사회의 인간모양을 예리한 관찰력으로 묘사한 귀절. 어떤 방법을 선택할 것이냐는 자유이지만 타인의 어리석음을 선택하는 것은 결벽한 젊은이의 심정에는 부합되지 않을 것이다.

칠보의 광채도 닦기 나름

[속담]

다이아몬드라도 원석을 갈고 다듬지 않으면 원석의 상태로는 보석으로서의 가치가 없다. 인간도 마찬가지로 아무리 소질이 있더라도 그 소질을 노력과 연마를 통해 다듬지 않으면 재능으로서 개화하지 못한다.

내가 다시 인생을 산다 하더라도 지금까지 했던 모든 일을 하리라

폰트넬 [죽음의 대화]

인생은 결코 즐거운 일만 있는 것이 아니다. 그러나 다시 한번 살 기회가 주어진다고 해도 또 같은 일을 할 것이라고 단언하는 배경에는 자기 인생을 열심히 살아간 자만이 갖는 자신감이 넘쳐 있다.

□□□ [고사성어 한마디]

門戶開放(문호개방) ① 문을 터놓아 자유로이 드나들 수 있게 함. ② 한 나라의 영토나 항구를 외국인의 경제활동을 위해 개방함. ③ 구속적인 금제(禁制)를 없이 함.

사고는 이성의 노동이고 공상은 그 즐거움이다

V. M 위고 [레미제라블]

사고는 사물에 조리를 세우고 현실에 맞추어 생각을 조립해 나가는 번거로운 일이다. 공상은 자유롭게 비약하고 현실을 떠나 즐겁다.

사고의 계시는 노예로부터 자유에로 사람을 해방한다

R. W. 에머슨 [인생의 행동]

생각하여 깨닫는다. 깨달음으로서 알지 못했을 때에는 단지 두려워서 따를 수밖에 없었던 것에서 해방된다.

사람과 세계를 움직이는 것은 흐름이 멈추지 않는 사고의 물결이다

W. 필립스 [노예로부터 자유에로 사람을 해방한다]

무수한 사고가 분명 거대한 물결이 되어 세계를 움직이고 변혁해 간다. 인류의 예지에 의한 역사의 형성이 장대한 이미지로 표현된 듯하다.

사고는 행동의 씨앗이다

에머슨 [사회와 고독]

□□□ [고사성어 한마디]

眉去眼來(미거안래) 눈썹이 가고 눈이 온다는 뜻으로, 서로 미소를 보냄을 이르는 말.

우선 사고가 있음으로써 거기에서 행동이 나온다. 행동에 의해 사고는 싹을 틔우고 개화해 나간다.

모든 인간은 태어나면서부터 알기를 원한다

아리스토텔레스 [형이상학]

태어난 아기는 보이는 것, 들리는 것, 손에 닿는 모든 것에 관심을 갖고 알려고 한다. 저것은 뭐지? 이건 뭐지? 무엇이든 알고 싶은 것이 인간의 속성.

지식은 우리가 하늘로 비상하는 날개이다

W. 셰익스피어 [헨리 6세]

조물주는 우리에게 하늘을 자유롭게 날을 수 있는 날개를 주지 않았다. 그러나 창공을 자유롭게 날으는 새처럼 인간은 지식을 습득함으로써 생각을 넓히고 자유를 획득할 수 있다.

어떠한 사람의 지식도 그 사람의 경험을 초월하는 것은 없다

J. 로크 [인간오성론]

한 인간의 지식은 분명 다른 사람이 경험한 것을 알게 됨으로써 얻어진다. 그러나 그것도 자기가 직접 경험하여 얻은 지식만큼 살아 있는 지식은 될 수 없다.

□□□ [고사성어 한마디]

薄脣輕言(박순경언) 잘 지껄이고 말이 많은 사람. 입이 가벼운 사람.

타인의 지식에 의해 박식해질 수는 있으나 지혜로운 자가 되려면 자기 자신의 지혜가 있어야 한다

M. E. 몽테뉴 [수상록]

빌려온 지식으로 해박해질 수는 있으나 막상 그 지식을 구사하는 단계가 되어 자기 자신의 '지혜'가 갖추어지지 못하다면 어찌할 바를 모르게 된다.

인간은 이기적 동물이므로 자연적 상태에서는 자기 보존을 위해 상호이익을 침해하고 오히려 이기의 목적을 달성할 수 없으므로, 계약에 의해 국가를 형성하고 주권자 아래서 각자의 이기를 제한하고 조화한다……

T. 홉즈 [철학체계－국가론]

이 견해는, 국가란 주권자 상호의 사회 계약이지 지배자에의 복종계약이 아니라고 보았으며, 근대 민주주의 확립에 큰 의미를 주었다.

인간이란 하나의 총합—무한과 유한, 시간적인 것과 영원한 것, 자유와 필연—이다.

S. 키르케고르 [죽음에 이르는 병]

인간은 두가지의 서로 모순된 것 사이에서 흔들리고 방황하면서도 그것을 곧바로 바라보고 살아가야 할 존재이다.

□□□ [고사성어 한마디]

未來永劫(미래영겁) (불교) 앞으로 닥쳐오는 영원한 세상.

인간이란 자기의 운명을 지배하는 자유로운 자를 말한다

마르크스 [경제와 철학]

자연에 대해서도 사회에 대해서도 그 필연의 법칙성을 인식함으로써 그것에 변혁 정신으로 작용을 가하여 스스로의 목적에 따라 살아나가는 자유를 획득한다.

인간은 때로는 오류를 범하면서도 다리를 뻗고 비틀거리면서도 전진한다

J. 스타인벡 [분노의 포도]

인간은 비록 난관에 부딪쳐 절망하고 좌절하더라도 또 다른 내일을 위하여 희망을 품고 전진한다. 진보를 계속하는 것이다.

생물학적으로 고찰하면 인간은 가장 무서운 맹수이고 또한 같은 종족을 조직적으로 먹이로 삼는 유일한 맹수이다

W. 제임스 [회상과 연구]

사소한 이해관계로 충돌이 빚어져 상대를 죽이는 인간의 잔인한 속성에 관한 말이다. 더 나아가 민족과 민족간, 국가와 국가간의 전쟁 역시 조직적으로 먹이로 삼는 맹수의 속성이라고 하겠다.

□□□ [고사성어 한마디]

無偏無黨(무편무당) 어느 편으로나 치우치지 아니함. 어떤 당이나 주의에 기울지 아니하고 중정의 입장을 지킴. =不偏不黨

인간은 조물주가 만든 걸작이다. 그러나 누가 그렇게 말하는가――인간이다

가바르니 [경구집]

우쭐하기 좋아하는 어리석은 인간이라 하더라도 그 인간이 표현한 말대로 걸작임에는 틀림이 없다.

신과 악마가 싸우고 있다. 그리고 그 전쟁터가 바로 인간의 마음이다

F. M. 도스토예프스키 [카라마조프의 형제]

생과 사, 희망과 절망, 기쁨과 슬픔, 사랑과 증오, 모든 대립이 인간의 마음이라는 장소에서 이루어지고 있다.

위대한 정신은 위대한 정신에 의해 형성된다. 다만 그것은 동화에 의한다기보다는 오히려 많은 알력에 의한다. 다이아몬드가 다이아몬드를 연마하는 것이다

H. 하이네 [독일의 종교와 철학]

위대한 정신을 만나서 교화되고 동화되는 것이 아니라 부딪치고 깎이고 연마되어 위대한 정신은 형성되어 간다. 경질의 정신이기 때문에 마멸하지 않는다.

□□□ [고사성어 한마디]

墨子泣絲(묵자읍사) 인간은 환경이나 습관에 따라 성질이 착하게도 악하게도 됨의 비유. 인간의 주체성의 약함을 탄식함의 비유.

이성—그것은 신으로부터 부여받은 최고의 선물

소포클레스 [안티곤]

인간에게 이성이 주어지지 않았다면 어떤 일이 벌어지게 될 것인가? 욕망과 감정이 이끄는대로 행동한다면 이 세계는 그 즉시 파멸로 이어질 것이다.

욕망과 감정은 인간성의 용수철이다. 이성은 그것을 통제하고 조절하는 브레이크이다

H. J. 보링브룩 [단편]

욕망과 감정의 풍요는 인간성을 풍요롭게 한다. 그 인간성의 용수철이 유연하고 강하게 작용함으로써 이성의 활동도 의미를 갖는다.

청춘시대에 갖가지 우행을 경험하지 못한 사람은 중년이 되어 아무런 힘도 갖지 못할 것이다.

노신(魯迅)

어리석음과 미숙함 때문에 실패도 한다. 그러한 젊은 혈기의 소치를 거침으로써 지혜와 힘을 내것으로 만들어간다. 아무런 경험도 못하고 실수의 우를 겪지 않은 인간은 자립할 수 없는 연약성만 지닐 뿐이다.

□□□ [고사성어 한마디]

문전성시(門前成市) 권세가 드날리거나 부자가 되어 집 문앞이 방문객으로 저자를 이루다시피 한다는 말

얼마나 오래 살았느냐가 아니라 얼마나 잘 살았느냐가 문제이다.

L. A. 세네카

양이 아니라 질을 논하는 고대 로마의 철인 세네카의 말. 예리한 감각과 천재적인 번득임으로 역사에 빛나는 명작을 후세에 남기고 요절한 예술가도 많지만 꼭 그러한 삶이 아니라 해도 양이 아닌 질을 생각하는 값진 삶을 살아보고자 노력할 수는 있지 않을까.

가치있는 인생은 길다

찰스 영

최선의 삶을 살고 충실하게 자신의 일을 성취한다면 비록 장수를 누리지 못한다 하더라도 가치있는 긴 인생을 살았다고 할 수 있을 것이다.

어떠하든 인생은 좋은 것이다

J. W. 괴테

사람이 세상을 살아가려면 갖가지 곤란도 만나고 슬픔도 고통도 시련도 겪게 된다. 그러나 그러한 장애가 있더라도 산다는 것 자체는 좋은 것이다.

□□□ [고사성어 한마디]

文過遂非(문과수비) 잘못을 어물어물 숨기고 조금도 뉘우치지 않음.

제2장

삶을 풍요롭게 하는 한마디의 말

산다는 것은 무엇인가? 많은 철학자들의 영원한 의문의 표적이 된 삶의 의미에 관해서는 수많은 선지자들이 온갖 미사려구로 인생이 갖가지 측면을 표현했고 어느 것이나 하나의 진실을 말하고 있습니다.

비단 철학자연하지 않는다 해도 세상에 태어나서 어린 날들을 호기심으로 살다가 찬란한 청춘의 나날에는 야심과 욕망에 이끌려 그 의미를 생각할 겨를도 없이 뛰면서 살아갔고 인생의 황혼을 느낄 무렵에야 비로소 지나간 날들에 대하여 회한과 애석함을 느끼고 아, 인생이란 이런 것이었던가 하고 생각하는 것이 세상사는 사람들의 공통된 과정인 것 같습니다.

비록 짧다면 짧고 길다면 길다고 할 수 있는 것이 이승에서의 우리의 인생이지만, 그 삶의 나날들이 고뇌와 비애로 얼룩지는 것이 아닌 희망과 사랑이 넘치고, 인생의 황혼기에 접어들었을 때 탄식과 슬픔으로 돌이켜보는 과거가 아닌 다시 태어난다 해도 이 길을 걷고 싶다고 할 만큼의 값진 삶을 매김하고 싶은 것이 우리의 바램이기도 합니다.

삶의 풍요를 구가하고 사랑의 진실을 되새기는 말들은 수많은 문학작품과 언설을 통해 가장 폭넓게 다루어졌을 것이라 생각합니다. 그중의 일부를 여기에 모았습니다.

서로 사랑할 수 없게 되었을 때 사랑했던 것을 부끄러워하지 않는 사람은 거의 없다.

라 로슈푸코 [잠언]

서로 사랑한다는 것은 자기의 모든 것을 드러내고 상대의 모든 것을 받아들이는 것이다. 그것으로 서로가 기쁨을 느끼고 있었는데, 사랑할 수 없게 되면 대개의 사람은 사마귀가 있는 위치까지 환히 알고 있는 것을 부끄럽게 생각하는 것이다.

사랑할 수 있다는 것은 모든 것을 이룰 수 있는 것이다.

체호프 [수첩]

사랑한다는 것은 거역하지 않고 받아들이는 것이다. 역경에 처해 있으면서도 따스한 마음과 성실과 희망을 잃지 않고 강하게 살아갔던 체호프. 있는 그대로의 생활 속에서 있는 그대로의 생활을 영위하는 지혜를 가르치는 말이다.

사랑의 약속에서는 사랑이 서로의 의도를 해석한다

셰익스피어 [한여름밤의 꿈]

연인끼리는 서로간에 말이 부족하더라도 애정으로 서로를 감싼다는 뜻.

□□□ [고사성어 한마디]

綱紀肅正(강기숙정) 법강과 풍기를 엄숙하고 바르게 함.

사랑하는 기술은 그때 그때의 도취의 정도에 따라 그때의 기분을 정확하게 말하는 것, 바꿔 말하면 자기의 마음에 귀를 기울이는 것이다.

스탕달 [연애론]

자기 마음에 귀를 기울이고 그 마음을 정확하게 전하는 것이 사랑의 기술이다. 상대에의 도취가 지나치고 마음이 비어 있으면 더이상 말을 할 기력조차 잃어 버린다. 그러므로 때로는 가만히 응시하고 깊은 한숨을 짓는 것이 어떤 기술보다도 나은 경우도 있다.

상대가 눈앞에 있으면 사랑은 강해지고 눈앞에 없으면 칼이 된다

[서양속담]

사랑하는 사람이 곁을 떠나면 사랑은 날카로운 칼날처럼 변하여 보이지 않는 상대를 찢고 질투의 마음으로까지 발전한다. 그러나 사랑하는 사람이 눈앞에 있으면 두 사람의 사랑은 더욱 깊어지고 강화된다. 이 속담은 서로 사랑하고 있다면 비록 가난하더라도 둘이 함께 있는 것이 중요하다는 가르침이다.

□□□ [고사성어 한마디]

蓋棺事定(개관사정) 시체를 관에 넣고 뚜껑을 덮은 후에야 비로소 생전의 공과 허물을 알 수 있다는 말.

사랑에 대해 자기를 속이려 하지 말라. 사랑이란 것은 그리 호락호락한 것이 아니다. 손을 더럽히지 않고는 얻을 수 없는 것이다

오스본 [분노를 담아 돌아보라]

사랑의 감정을 느낀다면 자신의 감정에 솔직하라는 말. 그 감정을 억누르는 것은 부질없는 짓이며, 자신의 감정에 솔직해야만이 진정한 사랑은 가능한 것이다.

사랑의 갈망은 즉시 솟아나지만 사랑이라는 것은 그러하지 못하다

아리스토텔레스 [니코마코스 윤리학]

바람기는 비온 뒤의 죽순처럼 금방 자라지만 사랑이란 것은 그렇게 촉성재배가 되는 것이 아니다.

사랑이 없는 곳에도 동정은 존재하고 동정이 없어도 사랑은 존재한다

에베렛 [인생수양]

사랑하고 있으면 동정은 깊어진다. 그러나 동정심이 전혀 없다고 생각되는 사랑의 형태도 존재하는 것이다.

□□□ [고사성어 한마디]

開門納賊(개문납적) 문을 열어 도둑을 맞아들인다는 뜻으로, 스스로 화를 만듦의 비유.

'파란 새'를 찾고 있는 동안에 행복은 찾아오지 않는다

에베렛 [인생수양]

행복해지기 위하여 선행을 하라고 에피크로스는 말한다. 그 행복의 추구를 출발점으로 하는 도덕률에의 반론이다. 행복 자체의 추구가 아닌 다른 목적으로 살아야만 행복을 얻을 수 있다. '파란 새'의 동화가 주는 교훈은 이미 아는 바이고 거기서의 새로운 출발이 필요하다.

나쁜 짓, 어리석은 짓을 해서는 안 된다고 잘 알면서도, 그래도 또 저지르는 것이 바로 인간이다

에드가 알랜 포 [검은 고양이]

신이 볼 때 인간만큼 어리석은 동물은 없을 것이다. 동물조차도 자기의 행동에 규범을 가지고 있는데 인간은 해서는 안 된다고 생각하면서도 점점 더 그 행동으로 치닫는 속성을 가지고 있다.

지나치게 격의없는 인간은 존경심을 잃고, 너그러운 인간은 무시당하고, 쓸데없이 열의를 보이는 인간은 보기 좋은 이용물이 된다

발자크 [계곡의 백합]

□□□ [고사성어 한마디]

蓋世之才(개세지재) 일세를 뒤덮을 만한 재주. 또는 그런 재주를 가진 사람.

너무 허심탄회하게 사람을 대하면 가볍게 보여진다. 깊은 속마음은 드러내지 않은 채 적당히 체면을 유지하며 사귀는 것이 세상을 살아가는 처세술일지도.

너희의 실력 이상으로 유덕하려고 하지 말라. 할 가망도 없는 것을 나에게 요구하지 말라

니체 [차라투슈트라는 이렇게 말했다]

자신의 힘의 한계를 넘어서서 이상을 추구해서는 안 된다. 관념적인 고매함을 요구하는 기독교 도덕을 약자의 도덕으로 물리치고, 생명의 본질에 입각한 강자의 도덕을 니체는 주장한다. 생명을 한없이 높이기 위해서는 자기의 실력에 맞는 출발점과 목표를 가져야 한다.

있는 그대로 보고 있는 그대로 행동할 수 있는 사람을 용자라고 부른다

에베렛 [인생수양]

겁이 많은 사람은 있지도 않은 위험까지 걱정하여 행동을 위축시켜 버린다. 쓸데없는 기우에 사로잡히는 일이 없이 현실의 사태를 정확히 파악하고 그것에 솔직하게 대응할 수 있는 사람이 용자라고 부르기 적합한 사람이다.

□□□ [고사성어 한마디]

車魚之歎(거어지탄) 언제까지고 만족할 줄 모르는 인간의 욕망의 비유.

어떤 책은 음미하면 된다. 또 어떤 책은 이해하면 된다. 그런데 깊이 음미하고 소화할 책은 소수에 불과하다

F. 베이컨 [수필집]

난독해도 좋은 것, 정독하지 않으면 이해할 수 없는 것, 책에도 여러가지가 있다. 그러나 숙독을 하고 음미하여 자신의 피와 살이 되는 책은 얼마 되지 않는다.

살아가고 과오를 범하고 전락하고 극복해 내는 것. 인생에서 인생을 재창조하는 것!

죠이스 [젊은 예술가의 초상]

그저 타성에 젖어서 살아가는 것이 아니라 적극적으로 자신과 주위의 환경에 부딪치면서 살아감으로써 자기의 인생을 만들어 내는 것이 젊음의 특권이다. 인생을 예술작품으로 만들 정도의 패기에 대해서는 운명도 저절로 길을 비켜갈 것이 틀림없다.

산다는 것은 연심과도 같은 것——이성은 일일이 반대하고 건전한 본능은 일일이 찬성한다

버틀러 [노트북]

□□□ [고사성어 한마디]

擧一反三(거일반삼) 하나를 듣고 셋을 돌이켜 안다는 뜻으로, 한가지 일을 들어 모든 일을 미루어 헤아림의 비유.

찬성과 반대는 아주 대조적인 것으로 살아 있는 자는 항상 이성과 본능의 사이에 끼게 된다. 연심과 마찬가지로 약아빠진 이성에 눈가림을 하고서라도 건전한 본능에 날개를 달아주는 것이 살기 위한 비결이다.

살기 위해 먹으라. 그러나 먹기 위해 살지는 말라

프랭클린 [가난한 리차드의 이력]

가난한 생활에 찌들면 살아가는 의욕도 잃기 쉽지만 아무리 밑바닥 생활을 보내고 있더라도 최소한의 인간으로서의 존엄을 유지하며 살라고 설득하는 말이다. 가난한 소년시절을 보낸 프랭클린이 '미국에서 최초의 문명인'이라고까지 불리게 된 과정에는 이러한 확고한 신념 위에 선 노력이 있었던 것이다.

위인이 될 수 있는 것은 많은 사상을 가진 자가 아니라 하나의 확신을 가진 자이다

[서양속담]

아무리 많은 사상을 알고 있더라도 그것이 실제의 힘이 되지 않으면 소용이 없다. 하나의 뚜렷한 확신에 따라 지속적으로 행동할 수 있어야 비로소 뛰어난 인간이 될 수 있는 것이다.

□□□ [고사성어 한마디]

去者日疎(거자일소) 친밀한 사이라도 멀리 떠나가거나 죽으면 점점 정이 멀어짐.

일반적으로 청년이 자기의 주장을 펼친다는 것은 환영할 만한 일이다.

짐멜 [사랑의 단상 · 나날의 단상]

머리에 피도 마르지 않은 녀석들이 건방지게 참견한다고 기성세대는 불끈 화를 내기도 한다. 그러나 젊은 열정으로 자기 주장을 갖는 것이 중요하다는 사실은 인정해야 한다. 그러한 의욕이 바로 미래의 발전을 가져오는 것이기 때문이다. 젊은 사람들의 잘못을 탓하지 말라. 젊은 시절에는 잘못을 범하는 것이 당연하다. 그런 과정에서 길은 저절로 발견되는 것이다.

언제나 너희에게는 힘(더 포스)이라는 아군이 붙어 있음을 잊지 말라

조지 루카스 [스타워즈]

더 포스는 이 영화에서 초능력을 의미했다. 그러나 현실의 인간에게는 초능력을 기대할 수 없으므로 여기서는 인간 누구나가 갖추고 있는 '힘'으로 바꾸기로 한다. 무엇인가를 할까말까 망설이거나 자신을 잃거나 할 때에 자기에게 갖추어져 있는 힘을 믿고 그 힘을 최대한으로 발휘하는 연구와 노력을 하면 반드시 목표는 달성될 것이다.

□□□ [고사성어 한마디]

乾坤一擲(건곤일척) 운명과 흥망을 걸고 단판걸이로 승부나 성패를 겨룸.

지금까지 적을 만든 적이 없는 인간은 결코 친구를 가질 수 없다

테니슨 [국왕목가]

이른바 팔방미인이라고 불리는 이들은 진정으로 타인과 마음을 통할 수 없다. 당당하게 타인과 접하는 일이 없는 인간은 적을 만드는 일이 없는 동시에 마음을 터놓을 친구도 가질 수 없다.

의욕적인 목표가 인생을 즐겁게 한다

로버트 슐러 [신념]

적극적인 목표를 세운다는 것은 그 사람이 높은 곳에 서서 주위를 전망할 수 있는 것이라고 슐러는 말한다. 그러므로 높은 목표일수록 좋다. 의욕적인 목표를 세우면 내일은 오늘보다 훨씬 전진할 것이 틀림없다. 그러면 인생은 즐거운 것이 된다. 비록 약간의 전진이라 해도 그것이 쌓이고 쌓이면 큰 전진이 된다.

남자와 사귀지 않는 여자는 갈수록 퇴색한다. 여자와 사귀지 않는 남자는 서서히 바보가 된다

체호프 [수첩]

□□□ [고사성어 한마디]

乞人憐天(걸인연천) '거지가 하늘을 불쌍히 여긴다'는 뜻으로 분수에 맞지 않은 걱정을 함의 비유.

여자는 남자의 눈을 의식하고 있는 동안은 그럭저럭 매력을 유지할 수 있고, 남자는 여자에게 눈을 돌리고 있는 동안은 의욕적으로 일에 몰두할 수 있다. 그러나 이성과의 교제가 없어지면 좋은 의미에서의 허영도 없어지고 이윽고 매력을 잃게 된다. 성적 매력이 있는 동안 인간은 아름답다.

남자의 사명은 넓고 여자의 사명은 깊다

톨스토이 [전쟁과 평화]

동물의 수컷이 먹이를 잡아오고 암컷이 새끼를 낳아 기르듯이 남자는 사회에 나가 돈을 벌고 전쟁에 나가 싸우고 여자는 가정을 지킨다는 것이 보통의 역할 분담이었다. 거기서 귀납된 사명의 역할 분담이 바로 이 말이다. 낡은 사고방식이라고 외면하지 말고 거기에 담긴 진리를 음미하라.

남자는, 모든 것을 바치는 여자를 요구한다. 그러나 여자가 그대로 생애를 다 바치면 남자는 그 짐에 힘겨워한다

보봐르 [제2의 성]

여성 본연의 모습을 과거, 현재, 그리고 이상에도 추구한 명저의 한 귀절이다. 보봐르는 남성에게 기대어 사는 것에서 탈피하여 자기의 실존을 원점으로 사는 것이 여자에게 뿐 아니라 남자에게도 복음을 가져다주는 좋은 견본임을 보여 주었다.

□□□ [고사성어 한마디]

隔世之感(격세지감) 딴 세대와도 같이 아주 달라진 느낌.

남자는 자기가 알고 있는 것을 말하고 여자는 상대가 기뻐하는 것을 말한다

루소 [에밀]

커뮤니케이션은 쌍방의 입장과 마음을 고려해야만 하는데 자칫하면 남자는 자기가 알고 있는 세계만을, 여자는 상대가 기뻐하는 것만을 말하게 된다.

남자는 미워하는 것을 알고 있다. 그러나 여자는 싫어하는 것밖에 모른다

레니에 [반쪽의 진리]

싫어하는 사람에 대하여 남자는 미움을 품는다. 적대감정을 직접 상대에게 드러내면 그 결과 마음이 통하고 미움이 해소되는 일도 있다. 그러나 여자는 단지 얼굴을 돌릴 뿐이다. 처음부터 입을 다물면 그뿐이다. 이 두가지 길의 어느쪽을 선택하느냐는 남녀에 상관없이 중요하다.

여자에게 잊혀지면 남자는 고집스러워진다. 그런 여자를 잊기 위해 가능한 수단을 써본다. 그래도 잘 되지 않으면 애써 잊은 척한다

몰리에르 [타르츄프]

□□□ [고사성어 한마디]

隔靴搔痒(격화소양) 신을 신고 발바닥을 긁는다는 뜻으로, 성이 차지 않음의 비유.

여자쪽이 무정하다고 남자들은 생각한다. 자기를 버린 여자를 잊기 위하여 남자들은 다른 여자, 일, 고상한 취미, 어떤 것에든 닥치는 대로 전념한다. 그러나 그 모든 것이 수포로 돌아가면 남자로서의 체면을 유지하기 위해 잊은 척하는 것이다.

남자를 고르려면 마음을 보라

[십훈초(十訓抄)]

남편을 고를 때에는 외견과 재산, 지위만을 보지 말고 심성의 좋고 나쁨을 보아야 한다. 앞으로 일생 동안 매일 얼굴을 맞대고 고락을 함께 하는 상대를 선택하는 것이므로 당연한 일이다. 직장을 고르는 경우도 마찬가지로, 아무리 작은 회사라도 기쁘게 일할 수 있는 회사를 선택해야 한다.

여자도 린네르도 촛불 밑에서 골라서는 안 된다

[서양속담]

어두침침한 촛불, 비단 드레스, 맛좋은 술이 갖추어지면 연출효과는 만점이다. 그러나 현혹되어서는 안 된다. 실용적인 린네르천은 밝은 곳에서 주의깊게 고르지 않으면 그 좋고 나쁨을 판단할 수 없듯이, 반려로 삼을 여자도 백주의 환한 햇살 아래서 찬찬히 뜯어보고 골라야 한다.

□□□ [고사성어 한마디]

見毛相馬(견모상마) 그 사람의 말만 듣고 채용하는 것은 말의 털만 보고 사는 것과 같다는 뜻으로, 겉만 보고 판단하는 것은 오류를 범하기 쉬움의 비유.

여자의 최상의 기쁨은 남자의 자만심을 꺾는 것, 그러나 남자의 최상의 기쁨은 여자를 기쁘게 하는 것이다

버나드 쇼 [비사회적 사회주의자]

남성사회가 지금보다 훨씬 강했던 시대라면 남자의 자만심을 꺾고 쾌재를 부르는 여자의 마음을 쉽게 이해할 수 있을 것이 다. 쇼는 남자와 여자의 본질론을 말하는 것일 테지만 시대가 많이 변하지 않았을까?

여자는 정복하는 것만이 아니라 정복당하는 것도 좋아한다

대커레이 [버지니아인]

그럴듯한 수단으로 남자를 포로로 만드는데 재주를 보이는가 하면 그 남자에게 몸과 마음을 다 바치는 것이 여자이다. 복잡하다고나 할까, 제멋대로라고나 할까.

과거에 등을 돌리라. 미래만을 바라보라. 시간이 모든 것을 치유할 것이다

존 길라민 감독 [나일강 살인사건]

영화속의 명탐정 포와로의 말이다. 죄를 범하는 자에게도 그 사람 나름의 비애가 있다. 포와르의 탁월한 추리력이란 이러한 인간의 마음에 돌려지는 따스하고 상냥한 시선일 것이다.

□□□ [고사성어 한마디]

牽强附會(견강부회) 가당하지도 않은 말을 억지로 끌어다 붙여 조건이나 이치에 맞도록 함.

현명한 사람이 어리석은 사람에게서 배우는 것이, 어리석은 사람이 현명한 사람에게서 배우는 것보다 많다

몽테뉴 [수상록]

어리석은 사람은 현명한 사람을 만나도 거기서 무엇인가를 받아들일 만한 능력을 가지고 있지 못하다. 그러나 현명한 사람은 아무리 어리석은 사람을 만나도 그 사람에게서 무엇인가를 배우는 지혜를 가지고 있는 것이다. 현명함과 어리석음의 차이는 그러한 시선의 차이, 감성의 유연성의 차이이다.

거친 베옷을 입고 옥을 품는다

[노자]

"피갈회옥(被褐懷玉)" 褐은 가난한 사람이 몸에 걸치는 초라한 옷을 말한다. 존경받는 사람은 가슴에 옥을 품고 있어도 (많은 학식이 있어도) 누더기를 입고 있다(자랑삼아 드러내지 않는다). 이는 마음이 고운 사람은 초라한 몸차림을 하고 있다는 가르침이다. 누더기를 입고 있다고 모두 마음이 비단결이라고는 할 수 없지만 가난하더라도 마음이 풍요한 사람은 많다. 물론 좋은 몸차림을 하고 있다고 그 사람의 마음이 풍요한 것은 아니다. 사람을 외견만으로 판단해서는 안 된다.

신 앞에서 우리는 모두 동등하게 현명하고 똑같이 어리석다

아인슈타인 [우주의 종교]

□□□ [고사성어 한마디]

見卵求時(견란구시) 달걀을 보고 시간을 알려 한다는 뜻으로, 성급하게 지레짐작함의 비유.

상대성 이론을 수립한 위대한 과학자 역시 인간의 지력과 능력에 대해 한계를 느꼈던 것이다. 현명하다느니 어리석다느니 하는 것은 결국 인간세계의 평가이고, 무한히 확대되는 우주, 미진의 극소세계, 그 엄청난 영역에 미치는 창조주의 뜻 앞에서는 겸허해지지 않을 수 없는 것이다.

돈을 빌려주면 종종 돈은 물론이고 친구까지 잃는다. 돈을 빌리면 검약의 마음이 둔해진다

셰익스피어 [햄릿]

비슷한 의미의 격언은 이밖에도 많다. 금전거래가 우정의 파탄을 불러온 예는 어디서나 볼 수 있을 것이다. 빌린 돈을 갚지 않으면 빌려준 사람은 원망할 것이고 빌린 사람의 입장에서는 이번에는 절약하고자 하는 마음이 희박해진다. 금전차용은 하지 않는 것이 가장 좋다.

기적을 기대하는 것도 좋다. 그러나 기적에 의존해서는 안 된다

[유태격언]

기적을 바랄 수밖에 없는 절박한 상황은 있을 수 있지만 그렇다고 기적에 의존하는 것만으로는 구조의 수단을 발견할 수 없다.

□□□ [고사성어 한마디]

犬馬之勞(견마지로) 윗 사람이나 남을 위하여 수고함을 겸손하게 이르는 말.

역경도 생각하기에 따라서는 훌륭한 것이다

셰익스피어 [신의 뜻대로]

밟히고 채이고 출구가 없는 처지에 놓여 풀이 죽고 넋을 잃는다면 결국 구제될 수 없다. 이 경험이 언젠가는 분명 도움이 된다고 생각하고 용기를 내어 분발한다. 회한의 눈물을 꾹 참고서도 용기만 솟는다면 에너지는 자연히 끓어오른다. 쓰라린 경험이 힘이 된다는 것은 분명하다.

결혼 전에는 눈을 크게 뜨고 결혼하고 나서는 눈을 감아라

토마스 플러 [구노모로지아]

결혼 전에는 크게 눈을 뜨고 정신차려서 상대를 관찰하는 것이 중요하다. 매력적인 보조개로 보이던 것이 사실은 단순한 마마자국일지도 모른다. 일단 결혼하고나면 그 뒤에는 아무것도 보지 말라. 상대의 결점이 드러나더라도 체념하는 수밖에 없으므로.

사랑의 고통은 다른 어떤 기쁨보다도 즐거운 것이다

드라이덴 [폭설의 사랑]

그 당시가 아무리 고통스럽더라도 나중에 보면 그 고통이 얼마나 감미로운 생각으로 채색되어 있었는지 알게 되는 것이 사랑이다. 고통이 깊을수록 그 사랑은 진실한 것이고 어떤 기쁨으로도 대신할 수 없는 것이다.

□□□ [고사성어 한마디]

堅忍不拔(견인불발) 굳게 참고 버티어 마음을 빼앗기지 않음.

사랑은 달콤한 꽃이다. 그러나 그것을 따기 위해서는 무서운 벼랑 끝까지 갈 용기가 있어야 한다

스탕달 [연애론]

벼랑에서 떨어지는 위험을 감수하면서까지 사랑하는 이성이 꼭 필요한지가 문제이다. 적어도 채이는 것이 두렵다면 사랑은 성립되지 않는다.

싸움에는 항상 조심하라. 그러나 일단 휘말려 들었다면 상대가 너를 경계하게 될 때까지 하라

셰익스피어 [햄릿]

세상을 살아가다 보면 아무리 피하려고 해도 피할 수 없는 상황이 있다. 그리고 그러한 분쟁에 휘말리는 일이 생길지도 모른다. 그때는 맞설 수밖에 없다. 일단 시작한 이상은 상대가 후회할 때까지 물러서지 말라. 만만하게 보이면 귀찮은 일은 또 생기게 된다.

사랑은 언제나 자기를 기만하는 것에서 시작하고 타인을 기만하는 것으로 끝난다. 이것이 세상에서 말하는 로맨스라는 것이다

오스카 와일드 [도리안 그레이의 초상]

□□□ [고사성어 한마디]

結者解之(결자해지) 맺은 사람이 풀어야 한다는 뜻으로, 일을 저지른 사람이 해결해야 한다는 말.

세상의 이른바 로맨스라고 하는 것의 대다수는 사실 착각과 기만으로 성립되어 있다. 사랑은 서로 속이는 것이라고 하는데 우선은 자기를 속이는데서 시작한다. 자기는 그 사람 없이는 살아갈 수 없다고 생각한다. 또한 본래의 자기를 과장하여 상대에게 잘 보이려고 한다. 그러나 자기의 의도가 채워지면 그 다음에는 그런 노력을 하지 않게 되기 때문에 상대방은 속았다고 생각하는 것이다.

결점은 표면에 떠올라 흐르는 지푸라기 같은 것. 진주를 찾으려면 깊이 잠수하라

드라이덴 [모든 것을 사랑하기 위하여]

사람의 표면만 보고 있으면 결점만이 눈에 띌지도 모른다. 그러나 그 사람의 좋은 면은 오히려 숨겨져 있으므로 그 사람을 깊이 관찰하지 않고는 알 수 없다. 그 사람과 사귀고자 한다면 표면에 나타나는 것에만 집착해서는 안 된다.

사랑은 홍역과도 같은 것. 누구나 한번씩은 치르게 된다

제롬 [한인한상(閑人閑想)]

사랑의 경험을 갖지 못하면 사람은 완전한 어른이 되지 못하는 것 같다. 그것을 통하여 사람과 사귀는 노하우를 얻고 또한 사람에게 상처를 입지 않기 위한 면역을 얻어간다. 가벼운 사랑보다는 중증의 사랑쪽이 얻는 것이 클 것이다.

□□□ [고사성어 한마디]

堅如金石(견여금석) 서로 맺은 언약이나 맹세가 금석같이 굳음.

연인으로서 남자와 여자가 다른 점은, 여자는 하루 온종일 연애를 할 수 있으나 남자는 이따금 할 수 있다는 점이다

S. 몸 [달과 6펜스]

남성이 일이나 취미에 열중하고 있으면 여성은 자신에 대한 관심이 없어졌다고 비난한다. 여성이 남성에 대해 요것저것 간섭하려 들면 남성은 좀 내버려 두라고 퉁명스럽게 말한다. 사랑에 대한 남성과 여성의 생리적 경향을 대비하면 일반적으로 이런 식으로 말할 수 있다.

서로 사랑한다고 해서 마음과 생각이 상통한다고 믿는 것은 어리석다

로렌스 다렐 [쥬스턴]

냉정하게 생각하면 누구나 알 수 있는 것이지만 사랑에 빠져있는 사람은 이것을 좀체로 깨닫지 못한다. 자기도 모르게 당신은 나의 것, 나는 당신의 것이라는 생각에 빠져서, 이럴 리가 없는데 하고 입술을 깨문다.

사랑을 하고 사랑을 잃는 것이 한번도 사랑을 하지 않은 것보다 낫다

테니슨 [인 메모리암]

□□□ [고사성어 한마디]

傾國之色(경국지색) 임금이 혹하여 나라가 기울어져도 모를 만큼 아름다운 미인.

이럴 줄 알았다면 사랑하지 않았을 것을, 이라는 대사는 대중가요에나 나오는 실연의 푸념이다. 그러나 그 푸념도 사실은 떠나간 연인을 그리워하고 있는 것이다. 사랑으로 번뇌하고 상처입은 경험은 인간의 사고의 폭을 크게 하고, 그 추억과 경험은 사랑을 한 적이 없는 사람은 결코 이해할 수 없는 세계이다.

고독의 이름으로 실로 많은 잘못이 저질러진다

헨리 킹 감독 [모정]

고독이라는 점에서는 인간 모두 평등할 것이다. 그러나 남녀간에 생기는 잘못을 안이하게 고독 탓으로 돌리는 것은 자기의 약점과 애정의 불확실성을 똑바로 응시한 적이 없는 탓이라고 말한다면 지나친 것일까?

이 세상에는 칼과 정신, 이 두가지 힘밖에 없다. 그러나 결국 칼은 항상 정신에게 패한다

[나폴레옹어록]

17세기 초에 유럽은 물론 아프리카에서 러시아까지 정복한 이 영웅도 칼의 힘은 결국 정신력에 맞설 수 없다고 잘라 말한다. 처음에는 비록 힘 앞에 굴복하더라도 많은 사람들의 강인한 저항정신이 결집되면 이윽고 그 힘의 구조는 무너지지 않을 수 없는 것이다.

□□□ [고사성어 한마디]

經世濟民(경세제민) 세상을 다스리고 백성을 구제함.

세월은 피부의 주름을 늘리지만 정열을 잃을 때에 정신은 시든다

사뮤엘 울만 [청춘]

세월의 무게는 깊은 주름이 되어 사람의 얼굴에 남는다. 그 깊이가 고뇌의 크기를 말해주는 것이다. 그러나 무엇인가에 도전하는 정열을 잃지 않는한 인간의 정신은 생생하게 계속 빛날 것이다. 울만은 정신의 젊음이라는 것을 특히 강조하고 있는데 현대의 젊은이들은 과연 무엇에 정열을 쏟으려 하고 있는 것일까?

재산의 빈곤을 치유하기는 쉬우나 정신의 빈곤을 치유할 수는 없다

몽테뉴 [수상록]

경제적인 가난에서의 탈출도 그리 간단한 것은 아니지만 남다른 노력을 한다면 어떻게든 해결할 수 있을 것이다. 그러나 정신의 빈곤은 고치기 어렵다. 풍요한 정신이란 그 사람이 가진 자질에도 관계가 있고 그때까지 쌓아올린 수양과 경험의 총체이기 때문이다.

재능이 한가지 많은 것이 재능이 한가지 적은 것보다 더 위험하다

니체 [인간적인, 너무나 인간적인]

□□□ [고사성어 한마디]

耕者有田(경자유전) 농사짓는 사람이 땅을 소유해야 한다는 말.

현대는 다재다능한 사람이 환영받는 시대이다. 소설에 영화에 연설에 스포츠까지 재능이 너무 많아 처치곤란한 사람도 있는 것 같은데 여기서 한걸음 잘못 딛으면 자신 과잉에서 일을 그르친다. 또한 가장 뛰어난 재능을 살릴 수 없는 우려도 있다. 한가지 분야에 재능이 한정되어 있는 사람은 망설임도 없으므로 강하다. 화려하진 않더라도 특기가 있는 분야에서 착실히 실적을 쌓아 전무후무한 경지를 개척해 나갈 수도 있다.

재능은 저절로 배양된다. 그러나 성격은 세상의 거친 파도에 휩쓸리며 만들어진다

괴테 [타소]

재능이 선천적인 것이라고 한다면 성격은 후천적인 것이다. 우리는 가족관계나 생활환경과 같은 것을 스스로 선택할 수 있는 것은 아니다. 그렇다고 성격의 비뚤어진 부분을 환경 탓으로 돌리는 것은 공평하지 않다. 조리에 맞는 규율을 지킬 수 있는 사람은 그것을 일면의 교사로 삼기 때문이다. 이 말은 친구의 선택이나 선배와의 접촉이 얼마나 중요한가를 가르치고 있다.

지갑이 허락하는 한 입는 것에는 돈을 아끼지 말라. 그러나 화려하면 안 된다. 품위있고 속되지 않도록

셰익스피어 [햄릿]

□□□ [고사성어 한마디]

輕佻浮薄(경조부박) 언어행동이 경솔하고 진중하지 못함.

포로니아스가 파리로 여행을 떠나는 아들 레아티즈(오페리아의 형)에게 주는 훈계의 하나. 상류사회에서는 복장으로 인품이 판단되므로 조심하라고 말한다. 오늘의 사회에서도 복장은 겉모습을 판단하는 척도가 되기 쉽다.

시간은 우정을 깊게 하고 연애를 약화한다

라 브뤼에르 [사람은 가지가지]

우정은 결렬을 초래하는 일도 있으나 교류가 계속되면 시간과 함께 깊어진다. 이에 반하여 연애 감정은 시간이 흐를수록 확실히 약해진다. 이상적인 커플이라 하더라도 시간과 함께 그 관계는 연애와는 다른 것으로 변질되어간다.

지언(至言)은 귀에 거슬린다

한비(韓非) [한비자]

"차지언오어이(且至言忤於耳)" 정곡을 찌른 말에 박수갈채를- 보내는 것은 대개 제3자이고 당사자는 귀도 따갑고 신경이 쓰이는 일이 많다. 그것은 칭찬보다 결점의 지적쪽이 압도적으로 많기 때문이고, 이런 때에 귀를 틀어막으면 진보가 없다. 진지하게 듣는 것도 필요하지만 쾌히 받아들이는 여유와 결점은 즉시 고치는 솔직함이 중요하다.

실패나 실망에서 종종 예상 밖의 길이 열린다

킹슬레이 워드 [사업가 아버지가 딸에게 주는 25통의 편지]

□□□ [고사성어 한마디]

敬天愛人(경천애인) 하늘을 공경하고 사람을 사랑함.

대학입시에 실패하여 절망하는 딸에게 아버지는 이렇게 격려한다. 이미 결과가 나온 것에 한숨만 지어봐야 소용없다. 생각을 바꾸고 다음 목표로 나가야 한다. 청춘기의 선택에서 무엇을 선택하는 것이 좋다고 단정할 수 있는 사람은 아무도 없다. 어쩔 수 없어서 우회로를 선택했는데 뜻밖의 성과가 오를지도 모른다. 한두가지 실패로 자기가 패배했다고 생각할 필요는 없다. 결과로서의 선택이 사실은 최선이었다고 생각하고 앞으로 나가라. 그것이 최고의 결과로 이어질 것이다.

질투는 사랑과 동시에 생긴다. 그러나 사랑이 죽더라도 질투가 반드시 동시에 죽는 것은 아니다

라 로슈푸코 [잠언]

이젠 사랑하는 것도 아닌데 무관심할 수가 없다. 아니 오히려 질투심은 전보다 더 심해졌다. 남자든 여자이든 그런 경험은 얼마든지 있다. 질투심은 사랑하는 마음보다도 더욱 강한 모양이다.

종종 야심이란 것은 어떤 비천한 짓이라도 하게 만든다. 그래서 기어 오르는 인간은 기고 있는 것과 같은 모습을 하고 있다

스위프트 [급사에의 훈화]

□□□ [고사성어 한마디]

鷄口牛後(계구우후) 큰 단체의 꼴찌가 되어 붙좇는 것보다는 작은 단체의 우두머리가 되라는 뜻.

야심가는 목적을 위해서는 종종 체면불고한 행동을 한다. 비굴한 태도를 취하면서까지 야심을 이루고 싶은가? 목표로 삼는 것에 그 정도의 가치가 있는지 생각해봐야 할 것이다.

대장부는 뜻을 이루려면 궁지에 빠졌을 때 더욱 강해야 한다

범엽(范曄) [후한서(後漢書)]

"장부위지 궁당익견(丈夫爲志 窮當益堅)" 훌륭한 젊은이라면 곤궁한 때일수록 뜻을 더욱 견고하게 지키고 곤란한 상황에 굴복해서는 안 된다. 이는 곤란을 극복하기 위해서이고 굳은 의지를 시험하는 기회로서도 그렇다. 곤란을 극복한 사태에 빠지는 것은 앞으로도 수없이 닥칠 것이다. 강한 끈기로 대처하지 않으면 좌절의 쓴맛만 보게 된다.

대장부 천하사방에 뜻이 있을진대 어찌 곤궁을 가리겠는가

범엽(范曄) [후한서(後漢書)]

"장부사방지 안가사고궁(丈夫四方志 安可辭固窮)" 남자로서 태어난 이상 천하사방에서 활약하고자 하는 의지가 있다. 그런데 곤란한 처지 정도에 어찌 꽁무니를 뺄 수 있겠는가? 말의 여운은 예스럽지만 국제화시대인, 이 넓은 무대에서 활약하다보면 곤란한 상황이나 미지의 난문은 얼마든지 나타날 것이다. 남성이든 여성이든 물러서지 말고 적극 대처하라.

□□□ [고사성어 한마디]

契酒生面(계주생면) '곗술로 낯낸다'는 뜻으로, 남의 것으로 제 생색을 냄을 이르는 말.

어떠한 것인지 알기도 전에 이미 반생이 끝난다

[서양속담]

아무리 선인의 가르침을 배웠다고 해도 그것으로 인생을 알 수 있는 것은 아니다. 자기가 시행착오를 거듭하면서 살아가는 것이 바로 인생이다.

인생에는 모든 것을 다 걸어도 아깝지 않은 그 어떤 것이 있지 않겠는가?

존 밀리어스 감독 [바람과 라이온]

19세기부터 20세기 초에 유럽 열강의 침략 위협에 시달리던 모로코를 무대로 한 영화의 마지막 장면. 침략군과 싸우던 두 명의 수장이 황혼의 모래사막에서 이야기를 나눈다. 결과적으로 모든 것을 잃어도 충족감이 남은 듯한 인생은 역시 최고라고 할 수 있지 않을까?

진정한 우정은 앞과 뒤, 어느쪽에서 보아도 동일한 것. 앞에서 보면 장미, 뒤에서 보면 가시일 수는 없다

리케르트 [바라문의 지혜]

앞에서 보아도 가시임을 알 수 있고 뒤에서 보아도 장미임을 알 수 있다. 원래 장미는 그러한 것이다. 가시를 숨기지 않기에 진정한 우정이라고 할 수 있는 것이다.

□□□ [고사성어 한마디]

鷄皮鶴髮(계피학발) 닭의 살갗과 학처럼 흰 머리털이란 뜻으로, 늙어서 주름살이 잡히고 백발이 됨을 비유하여 이르는 말.

진정한 용기란 극도의 겁장이와 무모함의 중간에 있다

세르반테스 [동키호테]

용기는 무모함과 종이 한장의 차이라고 여겨지는 경우가 많다. 그러나 진정한 용기는 극단적인 겁장이와의 중간에 있다. 겁이 많은 쪽으로 기울면 행동할 수 없고 무모함으로 치달으면 자멸하지 않을 수 없다. 어느쪽이나 진정한 용기와는 관계가 없다고 말하는 것이다.

인생을 소중하게 여긴다는 말인가? 그렇다면 시간을 낭비하지 않는 게 좋다. 시간이야말로 인생을 형성하는 재료이므로

프랭클린 [프랭클린 자서전]

시간이라는 재료가 중요한 것은, 재산과는 달리 누구에게나 공평하게 주어져 있기 때문이다. 그러하기에 헛되이 낭비하면 사용하고 싶을 때 쓸 수 없게 된다. 경제적으로 사용한 시간이 값진 인생을 만든다.

좋아하는 남자라면 비록 입에서 나오는대로 지껄인 한마디라도 싫어하는 남자의 분명한 사랑의 말보다도 마음이 흐트러진다

라 파이에트 부인 [크레이브의 부인]

□□□ [고사성어 한마디]

孤軍奮鬪(고군분투) 외로운 군력으로 대적과 싸움. 또는 홀로 여럿을 상대로 싸움.

좋으냐 싫으냐가 분명하게 드러난 뒤에는 싫어하는 남자는 아무리 발버둥쳐도 승산이 없다. 달콤한 말에는 맥없이 무너지는 여자라 하더라도 사랑의 말만으로 마음을 호리려고 하는 것은 어려운 일이다.

진정한 친구는 재난과 만났을 때 비로소 알 수 있다

이솝 [이솝우화]

공명의 위험이 있을 때 순간의 판단으로 도망치는 사람이 있다. 남은 사람은 그것을 비난할 생각이 전혀 없더라도 도망친 측에는 그 책임이 남고 원래의 관계를 부활하기는 어렵다. 우정은 손득의 관계가 아니라 일종의 애정이다. 할 수 있는 것은 무엇이든 해주고 할 수 없는 것은 함께 울어주는 것이 진정한 우정일 것이다.

탁월한 창조력, 늠름한 의지, 타오르는 정열, 겁타(怯惰)를 물리치는 용맹심, 안이를 버리는 모험심, 이러한 양상이 바로 청춘이란 것이다

사뮤엘 울만 [청춘]

청춘이란 단순히 인생의 한시기가 아니고 그 몸에 내재된 자세가 문제이다. 자연히 존재하는 것이 아니라 스스로 만드는 것이다. 나이를 먹어서도 늙지 않는 새파란 정신을 가진 사람이 있는가 하면 요즘은 젊은 나이임에도 늙은 사람이 많다.

□□□ [고사성어 한마디]

古今無雙(고금무쌍) 고금을 통하여 서로 견줄만한 짝이 없을 정도로 뛰어남.

청춘의 특권이란 한마디로 말하면 무지의 특권일 것이다

미시마유키오 [나의 편력시대]

어른에게는 절대로 허용되지 않는 일이라도 젊기 때문에 면책되는 것은 많다. 그것은 미숙성과 무지가 어른으로서는 할 수 없는 것을 대담하게 하도록 만드는 것이라고도 말할 수 있다. 그 햇병아리가 또 그런 짓을 했다는 말이 나더라도 그 특권을 감수할 수 있는 것은 청춘시대밖에 없다.

절제와 근면은 인간의 진정한 치료법이다. 일하는 것은 욕망을 강화하고 절제는 그것을 컨트롤하는 법을 가르친다

루소 [에밀]

인간의 생리와 정신에 있어서 절제와 근면은 중요한 상호작용이다. 식욕 하나만 예로 들더라도 그것은 분명할 것이다. 그러나 이성보다는 항상 욕구가 앞서는 것이 인간이기에 지나침과 게으름을 어느 선에서 억제하느냐는 매우 어려운 일이기도 하다.

그것이 인생이다. 얻거나 잃고, 잃거나 얻는 것이 인생이다

크라렌스 브라운 감독 [새끼사슴 이야기]

인생의 대차대조표는 결국 최종 결산을 맞추게 되어 있다. 원래가 인생에서는 무엇인가를 잃지 않고 얻어지는 것이 없고 잃은 것에서는 무엇인가를 얻는 것이다.

□□□ [고사성어 한마디]

高談放言(고담방언) 아무 거리낌없이 제멋대로 소리높여 말함.

나태는 약한 마음의 피난처에 불과하다

체스터필드 [아들에게의 편지]

한순간의 고욕 또는 위기를 도피하기 위하여 게으름을 피우고 그것이 자신에게 이익이 되리라고 생각하더라도 결국 그것은 임시방편이고 피난처라 하더라도 피난처는 어디까지나 피난처로 임시방편이기 때문에 곤란하다.

대체로 어떤 것이든 무엇인가로 대용할 수 있으나 근면성을 대신할 수 있는 것은 없다

킹슬레이 워드 [사업가 아버지가 딸에게 주는 25통의 편지]

비지니스 세계에서 바람직한 자질과 소양이 부족했기 때문에 성공하지 못한 사람은 많다. 그러나 이러한 성공을 위한 도구를 결여하고 있더라도 성공한 사람은 있다. 그러나 초기 단계에서 충분히 노력하지 못했던 사람이 성공한 예는 없다. 근면한 노력을 수반하지 않고 가치있는 것이 만들어질 수 없는 것만은 틀림이 없다.

타라! 오오 나의 집! 집으로 돌아가서 그 사람을 돌아오게 하는 법을 생각해 보자. 수많은 일이 있겠지만 내일은 내일이다!

빅터 플레밍 감독 [바람과 함께 사라지다]

□□□ [고사성어 한마디]

孤立無援(고립무원) 고립되어 구원받을 데가 없음.

스칼렛 오하라에게 있어서 태어나 자란 타라의 대농장은 생의 근원이다. 남북전쟁의 와중에 아이도 남편도 사업도 친구도 모두 잃고 혼자서 저녁 무렵 타라의 대지로 돌아온 스칼렛은 폐허의 집을 보면서 재출발의 의지를 새롭게 한다. 많은 일이 있겠지만 내일은 내일, 좌절할 수는 없다. 원작은 마가렛 미첼.

많은 친구를 가진 자는 한 사람의 친구도 갖지 못한 것이다

아리스토텔레스 [니코마코스 윤리학]

우정은 넓고 얕은 것이 아니라 좁고 깊은 것이다. 사람과 사람의 마음의 결합이 우정인 이상, 애정과 마찬가지로 그렇게 폭넓은 관계를 가질 수는 없다. 폭넓은 교우관계를 자랑하는 사람도 때로는 그 알맹이를 깊이 생각하는 것이 좋다. 관계가 넓어지면 그만큼 알맹이는 엷어지지 않을 수 없으므로.

가능하다면 다른 사람보다 현명해지라. 그러나 상대방에게 그것을 말하지 말라

체스터필드 [아들에게 주는 편지]

어떤 능력이나 재능, 개성을 요점으로 삼느냐는 사람에 따라 다르다. 용모, 기억력, 운동능력 등 여러가지가 있겠지만 지혜가 그중에 제일이라고 이 아버지는 말하고 있다. 다만 지혜는 자랑하면 안 된다는 것, 이것이 지혜의 진면목일 것이다.

□□□ [고사성어 한마디]

藁履丁粉(고리정분) '짚신에 분바르기'란 뜻으로, 일이 격에 맞지 않음의 비유.

지자는 망설이지 않고 인자는 괴로워하지 않으며 용자는 두려워하지 않는다

[논어]

"지자불혹 인자불우 용자불구(知者不惑 仁者不憂 勇者不懼)" 지혜가 있는 자는 사물의 도리를 분별하고 있으므로 어려운 문제에 부딪쳐도 망설이는 일이 없다. 인자는 사욕을 버리고 도리에 따라 행동하므로 걱정을 품는 일이 없다. 용자는 결단력이 있으므로 어떤 사태에도 두려워하는 일이 없다. 아무리 노력해도 사람에게는 각각의 적성이 있으므로 知·仁·勇 모두를 하나의 인격체로 체현하기는 어렵다. 자기가 어떤 유형인가를 가려내고 그 장점을 키워나가라.

쇳덩이는 사용하지 않으면 녹이 슬고 물은 썩거나 추위에 얼어붙듯이 재능도 사용하지 않으면 녹슬어 버린다

레오날드 다빈치 [레오날드 다빈치 수기]

재능은 사용함으로써 연마된다. 소중하게 감싸두기만 해서는 제구실을 못한다. 그리고 제능이란 곤란에 부딪쳤을 때 더욱 갈고 닦여지는 것이다.

늙은 사람은 자기가 두 번 다시 젊어질 수 없다는 것을 알고 있지만 젊은이는 자기가 나이를 먹는다는 것을 잊고 있다

[유태격언]

□□□ [고사성어 한마디]

枯木生花(고목생화) 마른 나무에 꽃이 피었다는 뜻으로, 곤궁한 사람이 행운을 만나 더 잘된 것을 신기하게 여기어 이르는 말.

나이를 먹은 사람은 지나간 나날을 돌이켜 보고 다시는 돌아갈 수 없는 젊은날을 그리워하지만 젊은이는 그 젊음이 영원히 지속되는 줄만 알고 세월의 흐름을 무심히 지나쳐 버리는 것을 경고한 말이다.

나이를 먹은 것만으로 사람은 늙지 않는다. 이상을 잃었을 때 비로소 노쇠가 찾아든다

사뮤엘 울만 [청춘]

비록 나이를 먹었다 하더라도 뚜렷한 목표를 가지고 정력적으로 일하는 사람은 늙지 않는다. 꿈이 있고 이상을 지속적으로 품을 수 있느냐 없느냐가 그 사람의 나이에 영향을 준다. 꿈과 이상을 잃는 것은 늙은이나 어른에게만 있는 현상은 아니다.

친구된 자는 마땅히 추찰과 침묵에 숙달해야 한다

니체 [차라투슈트라는 이렇게 말했다]

친구라고 무슨 말이든 해도 좋은 것은 아니다. 상대가 말하고 싶지 않은 것을 추찰할 수 있는 자, 말해서는 안될 것에 침묵을 지킬 수 있는 사람이 아니면 친구된 자격이 부족하다.

친구를 위해 자기 생명을 버리는 것보다 더 큰 사랑은 없다

[신약성서 · 요한복음]

□□□ [고사성어 한마디]

姑息之計(고식지계) 당장에 편한 것만 취하는 계책.

예수의 결별의 설교중에 "내가 너희를 사랑했듯이 서로 사랑하라. 이것이 나의 율법이다"에 이어지는 말. 여기서 친구란 이른바 제자를 말하는데, 그 사람을 위해 목숨을 버려도 좋다고 생각하는 것이 진실한 애정, 우정인 것이다.

친구란 얻기는 어렵고 잃기는 쉽다

[서양속담]

즐거울 때 함께 즐거워해주는 친구는 있을지 모르나 고통스러울 때 함께 고통을 나누는 친구는 흔치 않다. 진실한 정을 나눌 수 있는 친구, 가장 가까운 친구라고 생각했던 사람 역시 사소한 오해나 충돌로 멀어지는 일이 많다. 나의 입장이 아닌 상대의 입장에서 생각하는 배려가 절실한 시대이다.

인간 이외의 동물은 모두 생의 주요 임무가 생을 향수하는 것임을 알고 있다

버틀러 [노트북]

동물처럼 생을 향수하기 위해서는 삶의 자세를 근본적으로 변혁해야 할 것이다. 갈수록 복잡해지고 욕망만이 늘어나는 사회에서 지금 사람들이 요구해야 할 것은 편리와 풍요가 아니라 억제된 심플라이프일지도 모른다.

학문은 생각하는 것에 기초를 둔다

주희 외(朱喜他) [근사록(近思錄)]

□□□ [고사성어 한마디]

苦心慘憺(고심참담) 몹시 애를 쓰며 근심 걱정을 많이 함.

"학원어사(學原於思)" 학문은 우선 여러가지 생각을 하는데서 시작하고 생각난 것에 대하여 사고를 거듭함으로써 깊어져 간다. 꿈속에서 또는 욕탕에서 화장실에서의 순간적인 착상이 훌륭한 발전을 이룬 일이 많다.

인간이 '어떻게 살 것인가'를 생각하는 것은 하나의 지혜이고 하나의 과학이다

에베렛 [인생수양]

어떻게 살 것인가를 생각하는 것은 과학의 문제라고 한다. 왜 과학인가? 삶의 기본 문제에 대하여 체계적으로 생각하고 그 근원에 있는 것을 탐구해야 하기 때문이다. 원래 과학한다는 것은 방법의 문제이지 취급하는 재료에 따르는 것이 아니다. 인생론도 과학적으로 다루면 훌륭한 과학이다. 그러므로 명언도 좋은 교과서가 되는 것이다. 삶의 자세에 관한 인간의 지혜를 자기의 영역에 따라 주체적으로, 과학적, 체계적으로 배우고 활용하는 것이 중요하다.

학문은 몸의 보석, 학문은 세상의 귀중한 것

[명심보감]

"학자급신지보 학자급세지진(學者及身之寶 學者及世之珍)" 학문은 자신에게 있어서는 소중한 재산이 되고 세상에 있어서는 중히 여겨야 할 것이 된다는 뜻이다. 따라서 물질적인 재보보다 학문은 더욱 귀중한 재보이다.

□□□ [고사성어 한마디]

苦肉之策(고육지책) 적을 속이기 위해 제 몸을 괴롭혀가면서까지 꾸미는 계책. 고육지계(苦肉之計). 고육책.

과학의 목적은 무한의 예지에의 문을 여는 것이 아니라 무한의 오류에 하나씩 종지부를 찍어가는 것이다

브레히트 [갈릴레이의 생애]

무한의 예지에의 문을 여는 것은 과학이 아니라 종교나 철학의 역할이다. 과학의 역할은 인간의 수많은 잘못을 하나씩 해소해 나가는 것이다. 지동설을 제창하고 천동설의 오류를 바로잡고자 한 갈릴레이는 진정한 과학자였다.

학문은 사람된 소이를 배운다

장재(張載) [장자어록]

"학자학소이위인(學者學所以爲人)" 나는 생각한다. 고로 존재한다는 출발점에서 시작하여 인간이 어떠해야 하는가를 추구하고 자기의 인격형성으로 나아가는 것이 바로 학문이다.

학문은 넓이를 귀히 여기지 않고 옳음을 존귀히 여길 뿐이다

양시(楊時) [이정수언(二程粹言)]

"학불귀전 귀어정이사(學不貴奠 貴於正而巳)" 넓고 얕게 배우는 것은 중요하지 않다. 무엇이 옳은가를 깊이 추구하는 것이 학문으로서 중요한 것이다.

□□□ [고사성어 한마디]

苦節十年(고절십년) 고통과 곤란을 겪으면서도 변하지 않고 십년 동안 지켜나가는 절개.

인간의 모든 성질 중에서 질투는 가장 추악한 것, 허영심은 가장 위험한 것이다.

힐티 [잠못이루는 밤을 위하여]

질투는 타인에게 증오를 돌림으로써 자기의 열세를 속이고 허영심은 자기 자신을 겉으로만 속인다. 어느쪽이나 자기를 냉정하게 볼 수 없기 때문에 어리석은 생각이다. 우선 자기 자신을 알아야 한다.

인간의 대부분의 행위는 다음 7가지 중 하나, 또는 그 이상의 원인을 가지고 있다. 그것은 기회, 본성, 강제, 습관, 이성, 정열, 그리고 희망이다

아리스토텔레스 [수사학]

가능하다면 행위를 촉구하는 것이 강제가 아니어야 한다. 비록 습관이나 본성에 의한 행위라 하더라도 그것을 정열이나 희망이 뒷받침된 행위로 전환시키는 것이 좋다.

반론하고 논파하기 위해 읽지 말라. 믿고 그대로 받아들이기 위해 읽지 말라. 화제나 논제를 발견하기 위해 읽지 말라. 숙고하고 숙고하기 위해 읽는 것이 좋다

F. 베이컨 [수상집]

□□□ [고사성어 한마디]

曲者我意(곡자아의) 마음이 곧지 않은 사람은 모든 일을 제멋대로 함.

무턱대고 책을 읽는다고 좋은 것이 아니다. 독서라는 작업에 자기 자신이 참가할 필요가 있다. 적당히 흥미만 찾아, 실리만 쫒아 다니는 요즘의 젊은이에게 근대 서양철학의 원조격인 베이컨의 이 말을 전하고 싶다.

소망을 가지라. 그러나 소망은 너무 많아서는 안 된다

모짜르트 [모짜르트의 편지]

약관 13세에 가극을 작곡하였다는 천재음악가, 36세의 짧은 생애 동안 600여 작품을 세상에 발표한 하늘이 내린 악성(樂聖)의 말이라고는 생각되지 않을 만큼 겸손한 표현이다. 소망은 한가지, 숭고한 것을 가져야 한다. 이것을 해보다가 마땅치 않으면 저것을 손대는 요즈음의 무모한 젊은이는 이 겸허한 천재의 말을 음미해봐야 할 것이다.

인간은 누구나 생각하고 있다. 인텔리만이 그것을 자랑하고 있는 것이다

부바르 [캐비아속의 섬게]

인텔리라고 우쭐해서는 안 된다. 그 사람은 단지 자기가 생각하고 있는 것을 표현할 수 있는 수단을 가지고 있는데 불과하다. 표현하지 못하는 사람이 생각이 없다고 생각한다면 그것은 큰 착각이다. 인텔리임을 자랑하는 자는 진정한 인텔리가 아니다.

□□□ [고사성어 한마디]

困而知之(곤이지지) 고생하여 공부한 끝에 지식을 얻음.

사람과 사람의 우정은 현자라도 맺기가 어려운데 어리석은 자는 너무나 쉽게 잃는다

셰익스피어 [트로이라스와 크레시다]

우정을 유지하는 것은 어려운 일이다. 학창시절의 많은 친구중에 몇 명이 일생의 친구인가를 생각해보면 알 수 있을 것이다. 귀중한 친구를 하찮은 문제로 잃는 것은 자기 자신의 어리석음의 소치이다.

학문에는 왕도 없다

[서양속담]

학문의 길은 누구에게나 고르고 엄격한 것으로 왕이라고 해서 특별히 우대받는 특전이 주어질 수 없다는 말이다. 이집트왕 두토레마이오스의 요구에 대하여 기하학의 원조 유클리드가 대답한 고사에서 유래된 것이다.

사람은 사랑을 해야 비로소 모든 아이다움에서 탈피한다

스탕달 [연애론]

"살았다, 썼다, 사랑했다"고 자신의 묘비명에 남긴 이 작가의 평론 중의 한마디. 사랑을 함으로써 어린시절의 자기중심 세계로부터 무사(無私)의 경지에 발을 들여놓게 된다. 자기가 얼마나 작은 존재인가를 깨닫게 되는 동시에 상대의 존재의 크기를 깨닫는다. 사랑은 인간을 한층 더 크게 해준다.

□□□ [고사성어 한마디]

空理空論(공리공론) 실천이 따르지 아니하는 헛된 이론.

일년내내 노는 날로 지속된다면 놀이도 일과 마찬가지로 따분한 것이 된다

셰익스피어 [헨리4세]

노동과 그에 걸맞는 휴식이 적절히 조화를 이룰 때에 인간은 보다 행복한 삶을 살아갈 수 있다.

문명은 운동이지 상태가 아니다. 또한 항해이지 항구가 아니다

토인비 [시련에 선 문명]

금세기 중엽에 날카로운 문명비평을 전개하여 주목을 모은 이 역사학자는 슈펭글러나 마르크스의 결정론적 역사관에 반대하고 역사와 문화의 형성은 인간의 자유로운 의사와 행동에 따라야 한다고 주장한다. 확실히 문명과 문화라는 것은 젊고 창조적인 힘에 의해 형성되고 항상 미체험의 새로운 영역을 향해 발전한다. 그 변화에 대응할 수 없는 정신적 유연성의 고갈이 이것들에 대한 보수주의를 조성하는 것이다.

무지한 친구만큼 위험한 것은 없다. 현명한 적이 차라리 낫다

라 퐁텐 [우화]

□□□ [고사성어 한마디]

攻玉以石(공옥이석) 돌을 가지고 옥을 닦는다는 뜻으로, 하찮은 것으로 귀중한 것의 가치를 낸다는 말.

낮잠을 자는 코끝에 파리가 귀찮게 달라붙는다. 친절한 친구인 곰은 돌을 던져서 신통하게 파리를 죽였으나 그와 함께 노인의 머리까지 다치게 하고 말았다. 비록 친절하더라도 입장이나 심정을 이해하지 않고 참견을 하는 친구보다는 자기를 정확하게 평가하여 공격하는 적이 오히려 자기를 연마하는데 유효한 것이다.

가난은 가난하다고 느끼는 곳에 존재한다

에머슨 [사회와 고독]

인간과 신은 합일해야 한다는 입장에서 정신의 자립성을 설득한 사상가의 말이다. 인간이 처해 있는 하나의 상태는 그 사람이 받아들이는 자세에 따라 달라진다. 비록 세상에서 가난하다고 일컬어지는 상태라 해도 본인이 가난하다고 느끼지 않으면 가난하지 않은 것이다. 비관적으로 사물을 받아들이는 사람은 에머슨이 주장한 '자기 신뢰'의 자세를 배우는 것이 좋다.

만일 사람이 확신을 가지고 무엇인가를 시작한다면 의혹으로 끝날 것이다. 그러나 의혹을 가지고 시작함으로써 만족한다면 확신으로 끝날 것이다

F. 베이컨 [학문의 진보]

□□□ [고사성어 한마디]

空前絶後(공전절후) 비교할 만한 것이 이전에도 없었거니와 앞으로도 없을 것으로 생각함. 전무후무(前無後無).

17세기 초에 선입견은 진리 탐구에서의 장애물이라고 주장한 철학자의 달견. 기존의 사실을 의심함으로써 새로운 진실이 탄생한다. 인생은 모두 첫체험이다. 의심하는 것은 청춘의 에너지인 것이다.

야심가가 갖는 행복의 대부분은 언제나 바쁘다는 것이다

알랭 [행복론]

여가를 즐기는 야심가는 없다. 온종일 남들이 생각하지 못하는 것을 생각하면서 그것을 실행에 옮기는 것이다. 그러나 야심가는 또한 '분주함'을 자기에게 부과함으로써 더욱 그 야심을 분기시키고 있다.

우정은 불변이라고 해도 좋으나 색과 사랑이 뒤얽히면 이야기는 달라진다

셰익스피어 [헛소동]

동서고금, 한 여자를 둘러싸고 친구끼리 삼각관계를 맺는 소설이 얼마나 많은가? 굳은 우정도 무너질 만큼 남녀간의 사랑은 주위의 어떤 것도 가리지 않는다는 말일까?

좋은 얼굴이 추천장이라면 좋은 마음은 신용장이다

리튼 [그것으로 무엇을 할 것인가]

□□□ [고사성어 한마디]

共存共榮(공존공영) 함께 존재하고 함께 번영함. 함께 잘 살아나감.

밝은 표정과 자신감에 넘친 얼굴은 사람과의 만남이나 거래처와의 최초의 교섭에서도 유력한 인간의 추천장보다 낫다. 솔직하고 성실한 마음은 은행의 신용소개에 못지 않은 것이다. 최근에는 남성미용원이 성황이고 남성화장품의 판매도 급성장한다지만 과연 그것으로 좋은 얼굴, 좋은 마음이 만들어질 수 있을까?

기어오르지 않는 자는 떨어지지도 않는다

헤이우드 [경구 3백]

이렇게 사는 것도 하나의 삶의 방식일 것이다. 그러나 향상심과 노력은 사람을 연마하는 도구이다. 거기에 산이 있으니까 오르는 것이 인생이 아니겠는가. 도전해보고 실패하면 다시 도전하는 것이 값지게 인생을 사는 것이다.

세상의 연인들을 보라. 겨우 고백이 시작되었다 싶으면 이미 그때부터 기만하고 있다

릴케 [말테의 수기]

사랑이라는 것은 우선 자기가 얼마나 사랑하고 있는가 하는 고백에서 시작된다. 그 다음에는 '영원한 사랑'을 맹세하게 되는데 결국은 그 맹세가 기만이라고 릴케는 말하는 것이다.

□□□ [고사성어 한마디]

空中樓閣(공중누각) ① 공중에 누각을 짓는 것처럼 근거가 없은 가공의 사물. ② 신기루.

세상에서 살아가려면 많은 사람과 사귈줄 알아야 한다

J. J. 루소 [에밀]

많은 사람과 사귀는 것은 사는데 있어서의 의무라고 생각하는 것이 아니라 살아가기 위한 기쁨의 하나로 파악하는 것이 좋다. 싫은 인간과 사귀게 되더라도 거기서 얻은 체험은 훌륭한 인간과의 만남, 교제에의 양식이 된다고 생각하고 적극적인 행동을 하는 것이 좋다.

이상을 쫓는 자는 발밑을 조심하라

[서양속담]

스스로 세운 계획에 몰두하고 그 실현을 위해 침식을 잃고 동분서주하다가 문득 깨닫고 보니 자기가 본래 해야 할 일이나 자기가 있어야 할 장소가 없어진다는 예는 흔히 듣는 이야기이다. 이상을 쫓으며 공중을 날으는 것도 좋지만 가끔은 발밑을 확인하는 것도 필요하다.

젊은 여성이란 처음 남자에게 구애받으면 마음속으로는 받아들이고 싶으면서도 일단은 거절하는 것이 보통이다. 때로는 두 세번씩 거절하는 일도 있다

오스틴 [오만과 편견]

□□□ [고사성어 한마디]

聞一知十(문일지십) 한가지를 듣고 열가지를 미루어 안다는 뜻으로, 매우 총명함을 이르는 말.

이러한 여자의 마음이 남자에게는 가장 다루기 어려운 면이다. 거절을 곧이곧대로 받아들이고 물러서면 아무것도 되지 않고, 겉치레의 거절이라고 간주하고 무리하게 다가서도 미움 받는다. 동정심 있는 배려로 접근하라는 말일까?

연애는 결혼보다 훨씬 재미있다. 마치 역사보다 소설쪽이 재미있는 것처럼

샹 포르 [잠언과 사상]

결혼이라는 생활은 연애가 끝났을 때부터 시작된다고 한다. 따분한 일상은 즐거웠던 연애시절로부터는 상상할 수도 없을 만큼 견디기 어려운 일도 있을 것이다. 즐길 수 있을 때 즐겨두자는 이야기일까?

젊을 때에 너무 방종하면 마음의 윤기를 잃고 절제가 너무 지나치면 융통성이 없어진다

생트 뵈브 [나의 독]

젊은 시절에는 어느 한쪽 극단으로 치닫기 쉽다. 한편으로 순수를 귀중하게 여기는가 하면 또 한편으로는 악으로 치닫는다. 그렇다고 중용을 걸으면 따분해진다. 그러나 방종과 절제의 균형을 잃으면 후회와 반성이 뒤따르지 않을 수 없다.

□□□ [고사성어 한마디]

半上落下(반상낙하) 무슨 일이든지 처음에는 정성껏 하다가 중도에 중지하여 이루지 못함.

젊은이는 노인을 어리석다고 생각하지만 노인은 젊은이가 어리석다는 것을 처음부터 알고 있다

[서양속담]

어리석다는 말을 젊은이는 함부로 입에 담지만 노인은 그렇게 하지 않는다. 자기가 젊었을 때 마찬가지로 어리석었음을 알고 있기 때문이다. 말없는 노인을 경멸하지 말라.

우리가 타인을 인정하는 것은 자기와 공통된 것을 타인에게서 느끼기 때문이다. 누군가를 존경한다는 것은 그 사람을 자기와 동등하게 보는 것일지도 모른다

라 브뤼에르 [사람은 가지가지]

일이나 공부를 아무리 잘 해도 타인에게 인정받지 못하고 존경받지 못하는 사람이 있다. 상대를 인정한다는 것은 자기와 공통항을 발견하기 때문인데, 존경한다는 것은 자기와 상대가 동등하다는 우월감이 한편에 있기 때문이 아닐까.

□□□ [고사성어 한마디]

刎頸之交(문경지교) 생사를 같이 하여 목이 떨어져도 두려워하지 않을 만큼 친한 사귐. 또 그런 벗.

제3장

인생의 시련을 이겨내기 위한 한마디의 말

인생의 행로는 기쁨보다는 고통과 슬픔이 더 많은 것인지도 모릅니다. 즐거움과 행복은 이따금 찾아오지만 고통과 불행은 예고도 없이 무참하게 다가와서는 우리를 휘감은 채 쉽게 떠날 줄 모릅니다.

사랑하는 가족을 갑자기 잃은 어린아이, 또는 남편이나 아내를 잃은 슬픔, 입시에서의 낙방, 연인을 잃는 슬픔, 뜻하지 않은 재해로 인한 가족이나 친지 이웃의 불행한 사고, 사업의 실패 등 세상에는 크고 작은 수많은 시련들이 당신을 괴롭히거나 거쳐 지나갑니다. 그때마다 눈물은 그러한 슬픔, 괴로움을 걸러내는 카타르시스의 역할을 하기도 합니다.

그러나 인생에서의 그러한 고통과 슬픔이 있기에 또한 망각이라는 이름의 진정제와 희망이라는 이름의 내일이 있습니다.

역경을 만나 세상의 고통을 혼자 걸머진양 고뇌하고 눈물을 흘린 사람은 시간이라는 망각의 치료제와 함께 시련의 강을 넘어 행복의 섬에 도달할 수 있고 인생의 깊이를 이해할 수도 있는 것입니다.

사랑을 하고 잃는 것은 사랑하지 않는 것보다 낫다

테니슨 [인 메모리엄]

실연을 당하는 것은 고통스러운 일이다. 그러나 실연이 두려워 남을 사랑하지 못하는 것보다는 실연하여 상처입는 편이 훨씬 인간다운 삶의 방식이다. 실패가 두려워 소극적으로 되기보다는 무슨 일에든 적극적으로 매달리는 것이 중요하다.

만남은 이별의 시작

[속담]

[법화경]의 "애별리고 시고회자정(愛別離苦 是故會者定)"에서 나온 말이다. 부모, 자식, 부부, 친구 등 이 세상에서 만난 사람과 언젠가는 반드시 작별의 순간이 온다. 그것은 누구나 피할 수 없는 것이다. 그때가 되어 후회하는 일이 없도록 상대방에 대하여 언제나 최선을 다한다는 마음가짐이 필요하다.

하늘은 스스로 돕는 자를 돕는다

[서양속담]

잘 살기 위해 필사적으로 노력하는 것이다. 노력하는 사람에게 신은 손을 내민다. 그 굳센 태도가 이웃고 주위의 원조도 낳게 한다. 노력을 포기해서는 안 된다.

□□□ [고사성어 한마디]

空卽是色(공즉시색) (불교)중생이나 만물이 모두 인연화합(因緣和合)으로 말미암은 임시의 존재이기는 하나 인연의 상속에 의해서 그대로 차별의 형상으로서 존재한다는 말.

화가 날 때는 100번까지 세라. 최악일 때는 욕설을 퍼부어라

마크 트웨인 [바보 윌슨]

화가 났을 때 꾹 참는 것도 필요하다. 무턱대고 화를 내서는 안 된다. 그것은 상대를 위축시키고 덕망을 잃게 할 우려가 있다. 그러나 꼭 필요할 때는 화도 내야 한다. 어떤 일을 애매한 상태로 놓아두면 절대로 잘 되어 나가지 않는다.

좋은 와인은 브랜드를 필요로 하지 않는다

[서양속담]

좋은 와인은 한 모금 마셔보면 누구든 알 수 있다. 정말로 좋은 것은 선전을 하지 않더라도 머지않아 사람들에게 알려진다. 사람도 마찬가지로 항상 최선을 다하고 노력을 아끼지 않으면 학력 등에 관계없이 그 진가를 언젠가는 반드시 인정받는다.

결코 그르치는 일이 없는 것은 아무것도 하지 않는 사람뿐이다

로망 롤랑 [장 크리스토프]

일단 시도를 해봐야 비로소 그 결과가 성공인지 실패인지 알 수 있다. 실패가 두려워서 아무것도 하지 않는 것은 인생을 헛되이 보내는 것과 다를 바 없다. 우선 행동하라.

□□□ [고사성어 한마디]

公平無私(공평무사) 공평하고 사사로움이 없음.

신은 행동하지 않는 자에게는 절대로 손을 내밀지 않는다

소포클레스 [단편]

그리스의 3대 비극시인의 한사람인 소포클레스는 124편의 작품을 썼다고 하는데 현존하는 것은 〈안티고세〉 〈외디프스 왕〉 〈코로노스의 외디프스〉 등 불과 7편에 지나지 않는다. 그 작품들에 공통된 테마는 신들의 지배하에서 무서운 위기와 시련에 직면하여 그것을 극복해 나가고자 하는 인간의 기품있는 모습이다. 의지와 용기로 행동을 일으키는 사람에게 신도 도움을 준다는 것을 이 대시인은 가르치고 있다.

결혼하고 피치 못할 사정이 생기면 이혼할 수 있다. 그러나 결혼하지 않으면 헤어질 수도 없다. 두 사람을 갈라놓는 것은 죽음밖에 없다

S. 몸 [그들]

결혼을 하면 속박이 된다거나 여러가지 고통과 불편을 느낄지도 모른다. 그러나 도저히 해결할 길이 없을 때는 이혼이라는 길이 남아 있고 다시 시작하는 것도 가능하다. 그러나 세상에는 서로 사랑하면서도 결혼하지 않는, 또는 할 수 없는 운명으로 맺어져 있는 사람들도 있다. 그러한 관계에 있는 사람은 죽음이 두 사람을 갈라놓는 이외에는 헤어질 수 없다.

□□□ [고사성어 한마디]

官久自富(관구자부) 공직에 오랫동안 몸담고 있으면 자연히 재산을 모으게 된다는 뜻.

현자에게 전혀 잘못이 없다면 어리석은 자는 절망할 수밖에 없을 것이다

괴테 [잠언과 성찰]

지혜의 문제에서는 어리석은 자는 현명한 자를 당할 수 없다. 그러나 현명한 사람도 때로는 터무니 없는 잘못을 저지르는 일이 있다. 그런 때에는 현명한 자도 어리석은 자도 똑같은 인간임에 다를 바 없음을 알고 한숨 놓이는 것이다.

역경에 처했을 때 행복의 나날을 그리워하는 것만큼 고통스런 일은 없다

단테 [신곡]

불행에 처하여 과거의 행복을 그리워하는 것은 분명 고통스럽다. 그리고 자기가 불행하다고 생각하면 할수록 자신은 더욱 불행해진다. 과거의 일은 잊으라. 행복은 가까운 곳에 있고 스스로가 깨닫지 못하는 것일 뿐이다.

이것이 최악이라고 말할 수 있는 동안은 아직 괜찮다

셰익스피어 [리어왕]

정말로 최악인 경우 최악이라고 느낄 만한 여유도 없을 것이다. 이것은 안 되겠다고 생각하고 있는 동안은 아직 여유가 있는 것이다. 마지막까지 희망을 버려서는 안 된다.

□□□ [고사성어 한마디]

光音如矢(광음여시) 세월의 흐름은 화살처럼 빠르고 한번 지나면 되돌아오지 않음의 비유.

이 세상에서 가장 강한 인간은 고독 속에서 혼자 서는 인간이다

입센 [민중의 적]

권력자의 고독이라면 그 권력을 포기하면 된다. 그러나 벼랑에 우뚝서서 비바람에 시달리면서도 꿋꿋이 서 있는 소나무처럼 역경에도 혼자 대처하고 그 고독을 참아내는 사람이야말로 가장 강한 사람이다.

행복을 쫓으려면 만족에서 멀어져야 한다

[유태격언]

보다 좋은 것, 보다 나은 환경을 갖는 것이 행복이라면 현상에 행복은 있을 수 없고 결국 만족할 수도 없다. 고통스러운 것도 너무 심하면 의식하지 않고 지내게 된다. 그런 속에서도 행복은 있는 것이 아닐까?

죽을 생각이라면 못할 것이 없다

[속담]

이것도 싫고 저것도 지겹다고 해도 그것은 살아 있기 때문에 느끼는 감정이다. 죽으면 모든 것이 끝장이고 한번 죽은 것으로 생각하면 참지 못할 것은 없다. 처음부터 시작하는 심정으로 분발하면 대개의 일은 성취할 수 있다.

□□□ [고사성어 한마디]

矯角殺牛(교각살우) 쇠뿔을 바로 잡으려다가 소를 죽인다는 뜻으로, 결점 등을 고치려다가 수단이 지나쳐 일을 그르침의 비유.

사소한 것에서 기쁨을 발견할 수 있다는 것은 불행한 자의 고귀한 특권이다

로테 [잠언]

불행한 사람일수록 작은 것에도 기쁨을 느낀다고 하는데 그러한 감성은 소중히 간직해야 한다. 행복은 가까이 있는 것인데 그것을 깨닫지 못하는 사람이 의외로 많다.

질투는 1천개의 눈을 가지고 있다. 그러나 그 한개도 바르게 보이지 않는다

[유태격언]

질투를 하고 있으면 모든 것이 다 마음에 가시가 되어 거슬린다. 그래서 어느 하나도 정상적인 판단을 내릴 수 없다. 감정에 치우치고 냉정성을 결여하기 때문이다. 항상 감정에 치우치지 말고 냉정을 유지하라.

종종 용기는 죽는 것이 아니라 사는 것에서 시험된다

알페리 [오레스트]

살아가는 과정에서 우리는 종종 여러가지 곤란과 마주친다. 그 삶의 과정에서 부딪치는 고난에 용기를 가지고 맞서고 극복해 나가는 것이 바로 산다는 것이다. 죽음도 불사하는 용기 앞에 극복되지 않는 고난은 없다.

□□□ [고사성어 한마디]

驕兵必敗(교병필패) (싸움에 이긴다고 장담하거나 이겼다고 뽐내는) 교만한 군사는 반드시 패함.

나는 지금 행복한가 하고 자기 자신에게 물어보면 그 순간 행복하지 못하다고 느끼게 된다

J. S. 밀 [자서전]

무엇인가 불안한 것이 없느냐고 질문을 받고 지금의 상태로 좋다고 대답하는 사람은 적다. 지금 나는 행복한가 하고 새삼스레 의식해 보면 불만만이 머리에 떠오른다.

초혼은 하늘에 의해 맺어진다. 재혼은 인간에 의해 맺어진다

[유태격언]

최초의 결혼은 운에도 좌우된다. 결혼해보지 않고는 알 수 없는 것도 많다. 그러나 재혼은 경험도 풍부해졌고 자기에 대해서도 조금은 알고 타인의 기분도 이해할 수 있는 상황에서 이루어진다. 고통스런 경험과 슬픈 생각은 사람을 풍요롭게 해주는 것이다.

생명이 있는 곳에 희망이 있다

[서양속담]

세상에 태어난 이상 어떻게 해서든 살고 싶다. 그렇게 생각할 때 희망이 샘솟는다. 그리고 희망을 실현하고 싶다고 생각하는 곳에서 살아가는 의욕과 기쁨이 탄생한다. 산다는 것은 희망이다.

□□□ [고사성어 한마디]

交淺言心(교천언심) 사귄지 얼마 되지 않는데도 어리석게 함부로 지껄임. 속마음을 털어놓음.

세상에서 높이 평가받고 있더라도 아내나 하인이 보면 아무 것도 탁월한 면이 없는 사람이 있다

몽테뉴 [수상록]

그 뒤에는 집안에 있는 사람으로부터 크게 칭송받는 사람은 거의 없다는 구절이 이어진다. 훌륭하다고 일컬어지는 사람들도 곁에서 보면 결점도 있고 약점도 있는 단순한 인간인 경우가 많다. 위대한 사람이라 해도 인간은 다 마찬가지, 그다지 차이가 있는 것이 아니다.

울기만 하면서 일생을 보내서는 안 된다. 웃기만 하면서 일생을 보내서도 안 된다

[유태격언]

살아가는 동안에는 여러가지 경험을 하게 된다. 어떤 때는 울고 또 어떤 때는 웃는다. 그것이 인간을 성장시키고 인생을 풍요롭게 한다. 단조로운 인생은 살아가는 보람이 없다.

비누는 몸을 위하여 눈물은 마음을 위하여

[유태격언]

마음에 충격을 받았을 때 눈물이 모든 것을 씻어낸다. 울면 마음이 개운해지는 일도 있다. 마음에 느끼는 것을 솔직하게 표현하지 않고 참고만 있으면 정신건강상 좋지 못하다.

□□□ [고사성어 한마디]

敎學相長(교학상장) 남을 가르쳐주거나 스승에게 배우는 것이 서로 어울려서 자신의 학업을 향상시킨다는 말.

人事待天命(인사대천명)

[속담]

일을 행하기 전에 노력의 결의를 나타내는 말로 사용된다. 우선 목표를 실현시키기 위해 힘껏 노력하고 성공과 실패의 결과는 하늘에 맡긴다는 말이다. 그러나 하늘의 목소리를 듣는다는 심경이 되기 위해서는 힘껏 쏟아부은 노력에 후회가 있어서는 안 된다.

대원(大怨)을 화해시켜도 여원(余怨)은 남는다

[노자]

"화대원 필유여원(和大怨 必有余怨)" 큰 원한을 품은 자를 화해시키더라도 그 한이 모두 사라지는 것은 아니다. 완전한 화해는 어렵고 어딘가에 한이 남는다. 원한을 사지 않도록 평소에 주의하기 바란다.

大器晩成(대기만성)

[노자]

위대한 인물은 만년에 이르러 대성한다. 지금 뜻대로 되지 않았다고 해서 단념해서는 안 된다. 아직 앞날이 창창하다. 이제부터가 시작이라는 마음으로 도전하라.

□□□ [고사성어 한마디]

狗飯橡實(구반상실) '개밥의 도토리'라는 뜻으로, 외톨이로 고립된 사람의 비유.

대효(大孝)는 종신 부모를 경모한다

[맹자]

"대효종신모부모(大孝終身慕父母)" 효행자는 평생 부모를 경모하고 그 마음이 변하지 않는다. 사람은 나이를 먹어감에 따라 사모하는 대상도 달라지지만 부모를 존경하는 마음이 변해서는 안 된다. 고부간의 갈등, 핵가족의 문제, 도덕 불감증의 이 시대에 꼭 마음에 담아두어야 할 말이다.

견디기 고통스러웠던 것도 추억이 되면 즐거움만이 남는다

[서양격언]

아무리 고통스럽더라도 물러서지 말고 극복해야 한다. 사람은 그렇게 해서 목표에 다가서고 이윽고 좋은 결과가 얻어진다. 고생했던 것도 지나간 과거가 되면 즐거운 추억으로 남는다.

서로 잘못했다고 인정하지 않는한 화해는 성립되지 않는다

[유태격언]

세상의 옳고 그름에 대한 절대적인 기준이나 정의는 없다. 어느 한쪽이 자기 주장을 관철시켰다 하더라도 반드시 응어리가 남는다. 서로가 이해하고 공통점을 찾지 않으면 좋은 결과는 얻어지지 않는다.

□□□ [고사성어 한마디]

劬勞之恩(구로지은) 자기를 낳아 길러준 부모의 은혜.

충고는 좀체로 환영받지 못한다

체스터필드 [아들에게 주는 편지]

충고가 꼭 필요한 사람이라 하더라도 당사자의 입장에서 그 충고는 별로 유쾌한 것이 아니다. 그러므로 충고를 할 때는 신중을 기해야 하고 상대방의 체면을 깎는 일이 없도록 하는 것이 중요하다. 모처럼의 충고도 상대가 받아들이지 않는다면 아무 소용이 없다.

중상(中傷)은 귀찮은 벌과도 같은 것이다. 확실하게 죽일 자신이 없다면 건드려서는 안 된다

샹포르 [잠언과 사상]

중상은 어느 시대에나 귀찮고 번거로운 것이다. 섣불리 손을 대면 전보다도 더 나빠진다. 자기에게 짐작가는 것이 없다면 묵살하는 것이 가장 좋다.

눈물에도 그만한 쾌감은 있다

오비디우스 [비가]

눈물을 실컷 흘리고나면 마음이 개운해지는 일이 있다. 감정을 지나치게 억제하는 것은 오히려 좋지 않다. 사람은 슬플 때만이 아니고 기쁠 때도 눈물을 흘리고 감동할 때도 눈물을 흘린다.

□□□ [고사성어 한마디]

求田問舍(구전문사) 자기의 논밭이나 집걱정만 한다는 뜻으로, 원대한 뜻이 없이 오로지 자기 이익에만 급급함을 이르는 말.

중상은 기묘한 관습을 가진 악덕이다. 죽이려고 하면 세력을 떨치고 내버려 두면 자연사한다

베이컨 [커먼센스]

중상은 필사적으로 없애려고 하면 더욱 번져나가고 묵살하면 사라진다. 그런 것은 신경쓰지 말라고 해도 당사자의 입장에서는 어려운 일일지 모르지만 그때가 바로 참아야 할 때이다. 자기에게 잘못이 없다면 신경쓰지 말고 태연자약하는 것이 가장 현명하다.

하늘을 원망하지 말고 사람을 비난하지 말라

[논어]

"불원천불비인(不怨天不誹人)" 자기의 뜻을 이해하지 못한다고 사람을 원망하거나 비난해서는 안 된다. 자기의 미숙성을 모른 척하고 남의 탓으로 돌리는 것은 더욱 나쁘다. 이 정도면 됐다고 만족하지 말고 더욱 수양을 쌓아야 한다. 언젠가는 이해될 날이 반드시 온다.

어떠한 오르막길에도 반드시 내리막길이 있다

[유태격언]

□□□ [고사성어 한마디]

救火投薪(구화투신) 불을 끄는데 섶을 던져 넣는다는 뜻으로, 해를 제거하는데 근본을 바로잡지 않고 성급하게 행동하다가 도리어 그 해를 크게 함의 비유.

쾌조와 부조, 운과 불운은 서로 이웃의 관계이다. 어느 한 쪽이 오래 지속되는 일은 없다. 나쁠 때에는 초조해 하지 말고 전기가 오기를 기다리라. 좋을 때에는 방심하지 말고 그 상태를 유지하겠다는 마음자세를 가지라. 항상 희망을 가지고 노력해야 한다.

무엇이든 이상한 일과 부딪치면 웃는 것이 가장 현명하고 신속한 응답이며 어떤 처지에 부딪쳐도 비장의 위안이 된다

멜빌 [백경]

웃음의 효용을 기술한 말이다. 명랑한 웃음은 사람의 마음을 부드럽게 하고, 그것은 상대에게 받아들여지지 않을 리 없다. 또한 어떤 위급한 사태에 처하더라도 우선 웃음으로 상대의 대응을 엿본다는 것도 한가지 방법이다. 그리고 웃음으로써 자신의 기분도 가벼워진다.

인간이 적응할 수 없는 환경이란 없다

톨스토이 [안나 카레라나]

처음에는 견딜 수 없다고 생각되더라도 시간이 흐르면서 익숙해진다. 주위 사람들이 자기와 마찬가지로 살고 있음을 알게 되면 더욱 그러하다. 무슨 일에든 일단 적극적으로 뛰어드는 것이 중요한 자세가 아닐까? 다른 지방으로의 전근 등으로 미지의 땅에 왔다 하더라도 살다 보면 정이 드는 것이다.

□□□ [고사성어 한마디]

舊態依然(구태의연) 옛모양 그대로임.

인간만이 이 세상에서 괴로워한다. 그래서 웃음을 발명하지 않을 수 없었다

니체 [권력에의 의지]

살아가면서 겪는 고통은 이루 헤아릴 수 없이 많다. 이 고통을 발산시키기 위해 웃고 울고 분노하고 슬퍼한다. 고통이 있기에 그 고통을 극복하거나 잠시 잊기 위해서 웃음이 발명된 것은 아닐까? 아마도 인간의 가장 인간적인 면은 웃음일지도 모른다.

인간의 장점은 결점이 있다는 점이다

[유태격언]

결점은 보기에 따라서는 이점이 될 수도 있다. 어떤 결점은 사랑스러운 것이거나 살기 위해서 필요한 것일 수도 있다. 결점이 없는 인간은 생각만 해도 소름이 끼친다.

인간은 너무나 많은 현실에는 견디지 못한다

T. S. 엘리어트 [네개의 4중주]

어느 시대에나 현실은 가혹한 것이다. 현실만 직시하고 있으면 몸도 마음도 지쳐 버린다. 그래서 꿈과 희망이 있다. 현실에서 눈을 돌려서는 안 되지만 때로는 눈을 감고 꿈을 꾸는 것도 좋지 않겠는가?

□□□ [고사성어 한마디]

局面打開(국면타개) 절박한 국면을 잘 처리하여 나감.

인간은 빈몸으로 이 세상에 왔다가 빈몸으로 떠난다

이솝 [이솝우화]

죽음은 모든 것의 종말이다. 지위도 명예도 금전도 가지고 갈 수는 없다. 빈몸으로 태어나서 빈몸으로 죽는다. 그동안 사람은 갖가지 생활을 하고 기쁨과 슬픔은 지나간다. 그렇기 때문에 충족된 인생을 살아야 한다. 한점이라도 회한이 남지 않도록.

사람이 죽은 뒤에는 반드시 망연자실이라고도 할 상태가 일어난다. 뜻하지 않은 허무의 도래를 이해하고 생각하는 것은 그만큼 어렵다

플로베르 [보봐리 부인]

사람은 누구나 죽는 것이지만 누구나 알고는 있더라도 실감으로 이해하기는 어렵다. 중병 등으로 어느 정도 각오하고 있던 사람의 죽음이라도 실제로 죽었다는 소식을 들으면 망연자실한다. 그 슬픔과 허무를 사실로써 이해하고 받아들이는 것은 간단한 일이 아니다.

궁핍은 결코 매력적인 것도 아니고 교훈적인 것도 아니다

채플린 [자서전]

□□□ [고사성어 한마디]

群盲評象(군맹평상) 여러 명의 장님이 코끼리를 만져보고, 배를 만진 장님은 바람벽 같다고 말하고, 다리를 만진 장님은 기둥과 같다고 하였다는 옛 이야기에서 온 말. 모든 사물을 자기 주관과 좁은 소견으로 그릇되게 판단한다는 뜻.

어떤 사람들은 이러이러한 궁핍과 불행을 참아냈다고 자랑스럽게 말한다. 그러나 궁핍은 단순한 궁핍일 뿐 그 이상도 이하도 아니다. 궁핍 속에서 인내의 미학을 발견하는 사람도 있을지 모르지만 궁핍 그 자체를 미화한다고 자랑거리가 될 수는 없다.

빌로드의 쿠션에 앉기보다는 스스럼 없이 호박 위에 앉아 있는 것이 좋다

도로 [숲속의 생활]

지위가 높아지면 그만큼 잔걱정도 많아진다. 대단한 지위는 없더라도 구애됨이 없이 살아가는 것이 낫다는 말이다. 도로는 산속의 호수변에 오두막을 짓고 3년 정도 자급자족의 생활을 했다고 한다. 일에 쫓기고 정보의 홍수에 시달리는 현대인의 입장에서 보면 그야말로 부러운 이야기이다.

비참한 사람에게는 희망이라는 약밖에 의지가 될 것이 없다

셰익스피어 [자에는 자]

절망에 빠진 사람에게 유일한 위안은 희망을 갖게 하는 것이다. 그러나 이 희망을 구체적인 형태로 줄 수 있느냐가 어려운 문제로 남는다. 현실성이 있고 자기 능력에 맞는 희망일 필요가 있기 때문이다.

□□□ [고사성어 한마디]

君子不器(군자불기) 군자는 그릇과 같은 것이 아니라는 뜻으로, 군자는 한가지 재능에만 뛰어난 것이 아니라 매사에 균형이 잡혀서 원만하다는 말.

불행한 사람들은 자기보다 더욱 불행한 사람들을 보고 위안 받는다

이솝 [이솝우화]

천적에게 시달리던 토끼들은 늪에 몸을 던져 죽는 편이 낫다고 생각하고 늪으로 향한다. 그러자 그 발소리에 놀란 개구리들이 늪으로 뛰어들었다. 이 모습을 본 토끼는 자기보다 불행한 동물이 있다고 생각하고 죽으려던 생각을 바꾸었다고 한다. 사람은 자기보다 불행한 사람을 보고, 아직 자기는 최악이 아니라고 격려받는다. 약간은 무정한 이야기이지만 그래도 이것이 인간사회의 진실일 것이다.

불행에 빠져야 비로소 사람은 자기가 누구인가를 깨닫게 된다

S. 츠바이크 [마리 앙트와네트]

불행한 상태에 빠지고 이젠 가망이 없다고 생각했을 때 사람은 진정한 자신의 모습을 확인할 수 있다. 자기의 약점과 결점, 그리고 인간의 슬픔을 환히 아는 사람은 강할 수밖에 없다.

스스로를 아는 자는 사람을 원망하지 않는다

순황(荀況) [순자(荀子)]

□□□ [고사성어 한마디]

群雄割據(군웅할거) 군웅이 저마다 한 지방씩을 차지하여 세력을 떨치는 일. 중국의 전국시대의 사회상태 등.

"자지자 불원인(自知者 不怨人)" 자기가 어떠한 인간인지를 자각하고 있는 사람은 다른 사람을 원망하지 않는다. 자기에게 자신이 없는 사람일수록 자기의 문제는 모른 체하고 타인이 어쨌느니 하고 탓한다. 우선 자기에 대해 관찰하라. 나를 알면 나의 주위도 분명하게 보이게 된다.

운명을 아는 자는 망설이지 않는다

유향(劉向) [설원(說苑)]

"지명자불혹(知命者不惑)" 자기가 무엇을 해야 할지를 알고 있다면 망설이는 일이 없다. 그것을 알지 못하면 이것저것 걱정하고 고민하지 않을 수 없다. 유한한 인생에서 내가 무엇을 하고 싶은지 분명하게 알아두는 것이 중요하다.

미신은 약한 마음의 소유자가 갖는 종교이다

바크 [프랑스 혁명론]

마음이 약해지면 약해질수록 사람은 무엇인가에 매달리고 싶어한다. 오늘날도 신에게 의지하는 일이 많은데 그것은 자기의 약한 의지를 정당화하기 위함일 것이다. 일시적이라면 모르지만 완전히 빠진다면 곤란한 일이다.

가장 큰 고통은 남에게 말할 수 없는 고통이다

[유태격언]

□□□ [고사성어 한마디]

薄志弱行(박지약행) 의지와 투지가 약하여 일을 단행할 결단성이 없고 어려운 일을 견디지 못함.

사람은 다른 사람과 이야기함으로써 마음이 누그러지거나 용기를 얻거나 조언을 얻을 수 있다. 그러나 개중에는 남에게 말할 수 없는 고통과 고민이 있다. 자기 혼자서 맛보는 고통, 이것이 최대의 고통이다.

미움은 사람을 맹목으로 만든다

O. 와일드 [옥중기]

격렬한 증오는 다른 것을 보이지 않게 한다. 이성을 통제할 수 없게 한다.

사랑은 다시 말해 증오이고 증오는 사랑이다. 대립하는 자에 대한 증오는 일치하는 자에 대한 사랑이고 후자에의 사랑은 전자에의 증오이다

G. 브루노 [원인과 원리 및 한사람에 대하여]

우리가 인생에서 직면하는 미움의 태반은 단순히 질투이거나 또는 모욕받은 사랑임에 불과하다

C. 힐티 [잠못 이루는 밤을 위하여]

모욕받은 사랑—긍지가 높은 사랑, 몰락적인 사랑, 그것들이 배반당했을 때 그것은 모욕받은 사랑이고 증오로 변질된다.

□□□ [고사성어 한마디]

博學多識(박학다식) 학문이 넓고 식견이 많음.

증오는 적극적인 불만이고 질투는 소극적인 불만이다. 따라서 질투는 금방 증오로 바뀌더라도 이상할 것이 없다

J. W. 괴테 [격언과 반성]

같은 불만이라면 쉽게 변질된다. 질투의 불만에 분노가 겹쳐졌을 때 증오로 변하는 것은 당연하다.

기쁨이 무엇인가는 원래 많은 괴로움을 참아낸 사람들만이 알고 있는 것이다. 그밖의 사람들은 진정한 기쁨과는 닮지도 않은 단순한 쾌락을 알고 있는데 불과하다

C. 힐티 [서간집-불행]

삶의 여정에서 겪는 많은 갈등과 고뇌를 극복하고 환희에 이르는 기쁨이 진정한 기쁨이며 그것은 쾌락과는 다르다.

고통은 인간의 위대한 교사이다. 고통의 숨결 아래서 인간은 성장한다

M. 에센바하 [잠언집]

고통의 숨결은 행복의 따스한 바람과는 달리 때로는 혼을 얼어붙게 하고 때로는 뜨겁게 타오르게 하여 인간을 단련시킨다.

□□□ [고사성어 한마디]

反面教師(반면교사) 다른 사람·사물의 부정적인 측면에서 가르침을 얻는다는 뜻.

인간만이 이 세상에서 괴로워하고 있으므로 웃음을 발명하지 않을 수 없었다

F. W. 니체 [권력에의 의지]

있어야 할 사실과 실제로 있는 사실과의 사이에서 인간은 괴로워하고 그 괴로움에 침몰하지 않으려고 웃는다는 말인가?

기쁨을 타인과 나누면 기쁨은 두 배가 되고, 고뇌를 타인과 나누면 고뇌는 절반이 된다

C. A. 티트게 [우라니아]

고난과 갈등이 많은 인생의 여정, 기쁨과 고뇌를 함께 나눌 수 있는 진정한 동반자가 있는 사람이 가장 행복한 사람이다.

기쁨은 종종 찾아오는 손님이지만 괴로움은 무참히 우리를 휘어감는다

J. 키츠 [엔디미온]

기쁨은 다가왔다가 떠나지만 고뇌는 우리의 몸을 휘감고 쉽게 떨어지지 않는다.

행복했던 시대를 회상하는 것보다 더 큰 슬픔은 없다

단테 A. [신곡]

□□□ [고사성어 한마디]

半死半生(반사반생) 거의 죽게 되어서 죽을는지 살는지 알 수 없는 지경에 이름.

> 그 회상은 현재의 상실의 깊이를 부각시키기 때문에 더욱 슬프다.

고통과 고뇌는 위대한 자각과 깊은 심정의 소유주에게 있어서 항상 필연적인 것이다

F. M. 도스토예프스키 [죄와 벌]

> 위대한 자각과 깊은 심정은 고뇌를 뚫고 나가야 비로소 깊고 위대해질 수 있고, 그 곳을 뚫고 나가는 것을 피할 수 없다.

큰 고통이 정신의 최후의 해방자이다. 이 고통만이 우리를 좋든 싫든 우리의 마지막 깊이에 이르게 한다

F. W. 니체 [화려한 지식]

> 단순히 고통의 작은 산을 넘어가는 것이 아니라 넘기 힘든 커다란 고통, 그곳을 넘어야 비로소 깊은 평안에 다다른다. 그것은 마지막으로 고통을 치유하는 환희일까, 아니면 죽음일까…….

괴로움을 남기고 간 것을 맛보라! 고난도 지나고 나면 감미롭다

괴테 [격언]

□□□ [고사성어 한마디]

半上半下(반상반하) 어느 쪽에도 붙지 않고 태도나 성질이 모호함.

그냥 지나쳐간 고난이 아니라 그것과 맞서 싸우고 극복해 낸 고난일수록 지나가고 나면 그 맛은 더욱 감미롭다.

우리는 우리의 소중한 사람의 죽음에 눈물을 흘린다고 말하면서도 실제로는 우리들 자신을 위해 눈물을 흘리고 있다

F. 라 로슈푸코 [도덕적 반성]

고인을 앞에 두고 흘리는 눈물도 여러가지이다. 위선적인 눈물, 또는 스스로를 위안하기 위한 눈물일 수도 있다.

눈물은 눈의 고상한 말이다

P. 헤릭 [헤스페데스의 딸들]

"눈물은 슬픔의 말로 표현할 수 없는 말이다"라고 말할 때의 눈물은 진실의 눈물, "눈의 고상한 말"이라고 할 때의 눈물은 마르기 쉬운 눈물이라는 것으로 해석될 수도 있고, 미인의 슬픔이 담긴 눈길을 이미지로 형상화한 것 같기도 하다.

우는 것도 일종의 쾌락이다

M. E. 몽테뉴 [수상록]

우는 것으로 슬픔과 고뇌를 씻어 버린다면 기분은 상쾌할 것이다. 또한 눈물을 흘림으로써 자기의 '덧없는 감상적 기분'에 빠질 수 있다면 그것도 일종의 쾌락일 것이다.

□□□ [고사성어 한마디]

背面攻擊(배면공격) 적의 배후부터의 공격.

고통에는 한계가 있으나 공포에는 한계가 없다

프리니우스 [서간집]

고통에는 실체가 있고, 그렇기 때문에 더이상은 커지지 않는다는 한도가 있다. 그러나 공포는 붙잡을 데가 없고 무한히 커진다.

공포는 항상 사람의 가슴에 무엇인가 옳지 않은 것이 일어난 징후이다. ……공포는 고통이 육체에 대하여 수행하는 것과 마찬가지로 정신에 대해서도 귀중한 경고자의 역할을 한다

C. 힐티 [행복론]

신체의 어딘가에 장애가 일어났을 때에 그것을 알리는 것이 아픔이다. 공포는 마음속에 장애가 일어나고 있음을 알리고 있다. 양심의 가책도 공포를 일으킨다.

인간만이 부끄러워할 수 있는 동물이다. 또는 그렇게 할 필요가 있는 동물이다

M. 토웰 [멍청이 윌슨]

수치심은 자기를 의식하는데서 나온다. 인간은 그러한 자의식을 가질 수 있는 동물이고 부끄럽다는 기분을 갖지 않고 수치를 모르는 인간을 후안무치(厚顔無恥)라고 한다.

□□□ [고사성어 한마디]

杯盤狼藉(배반낭자) 술먹은 자리의 혼잡한 모양을 이름.

수치심은 모든 덕의 원천이다

T. 칼라일 [수필집]

자기를 의식함으로써 신중해질 수 있고 항상심도 생긴다.

우리는 수치의 세계에 살고 있다. 우리는 진실로 존재하는 모든 것을 수치스럽게 한다

G. B. 쇼 [사람과 초인]

우리는 거짓으로 살고 있는 존재이므로 진실 앞에서는 언제나 창피를 당하지 않을 수 없다.

수치심의 결점은 끊임없이 거짓말을 하게 만드는 것이다.

스탕달 [연애론]

부끄러움을 감추기 위하여 거짓말을 한다. 수치심은 그것을 반복시킨다.

고독은 이 세상에서 가장 무서운 고통이다. 아무리 격심한 공포라도 모두가 함께 있으면 견딜 수 있으나 고독은 죽음과 다름없다

C. V. 게오르규 [제2의 기회]

□□□ [고사성어 한마디]

白首北面(백수북면) 재덕(才德)이 없는 사람은 늙어서도 북쪽을 향하여 남에게 가르침을 받는다는 말.

혼자 태어나 혼자서 살고 혼자서 죽는다고 해도 정말로 외톨이로 떨어져 있다면 그야말로 몸이 떨리는 공포일 것이다.

종종 우리는 우리의 가장 아름다운 행위까지도 부끄럽게 생각할 것이다. 그것을 탄생시킨 동기를 타인이 알게 된다면

라 로슈푸코 [도덕적 반성]

얼핏 보기에 누구에게 부끄러울 것도 없는 언동도 그 동기에 포함되어 있는 더러운 면을 간파당하면 부끄럽다고 생각하지 않을 수 없다.

사람은 누구나 나 한사람의 생애를 혼자서 살고 나 한사람의 죽음을 혼자서 죽는 것이다

J. P. 야콥센 [코리 그루페부인]

태어날 때와 죽을 때만이 아니다. 나 한사람의 생애를 혼자서 사는 것이다. 아내가 있고 아이가 있고 친구도 있을 것이다. 그러나 역시 다른 것으로 대신할 수 없는 내 생애는 스스로 살아갈 수밖에 없다.

우리의 고뇌는 모두 혼자 있을 수 없는 것에서 초래된다

J. 라 브뤼에르 [사람은 가지가지]

□□□ [고사성어 한마디]

百尺竿頭(백척간두) 아주 높은 장대끝에 오른 것처럼 극도로 위대한 지경에 이름의 비유.

혼자서 있을 수 없는 것과 혼자라는 것 사이에서 인간은 고뇌한다.

인내라는 것은 응집된 끈기이다

F. 베이컨 [수상집]

인내하기란 쉬운 것이 아니다. 일상생활에서 몸에 붙은 끈기만이 인내를 잉태할 수 있기 때문이다.

인내—그것에 의해 범인이 불명예로운 성공을 거두는 하찮은 미덕

A. 비어스 [악마의 사전]

통렬한 풍자이다. 재능도 없고 설득력도 없이 그저 기다린다는 마음으로 늘쩡한 사람이 뜻밖의 성공을 거둔다. 그 느긋함이 미덕이라는 것이다.

비겁자는 안전한 때에만 위압적으로 나선다

J. W. 괴테 [타소]

비겁한 자는 일단 제몸에 위험이 닥치면 슬그머니 꽁무니를 뺀다. 그러나 자신의 신변이 안전한 경우라면 주위에 대해 강경한 태도를 취하다.

□□□ [고사성어 한마디]

法遠近拳(법원근권) 법은 멀고 주먹은 가깝다는 뜻으로, 일이 급박할 때는 이성보다도 완력에 호소하게 되기 쉽다는 말.

용기의 최고단계는 위험에 처했을 때의 대담성이다

보브나르그 [성찰과 반성]

용기에도 여러가지가 있지만 위기 속에서 과감하게 도전하는 단호함이 최고의 용기이다.

때때로 용기의 시련은 죽는 것이 아니라 사는 것이다

V. 알피에리 [오레스토]

용기가 시험되는 것은 떳떳하게 죽는 것이 아니라 오히려 살아남는 것이 용기인 경우도 있다.

비겁한 자는 자기의 과실을 변명하고 용감한 사람은 반드시 그것을 고백한다

A. G. C. 메레 [격언]

이것은 과실의 책임을 스스로 지겠다는 자세가 되어 있느냐의 문제이다. 겁장이라면 항상 사실에서 회피하려고 한다.

인간이 불행한 것은 자기가 행복하다는 것을 모르기 때문이다. 이유는 단지 그것뿐이다

F. M. 도스토예프스키 [악령]

□□□ [고사성어 한마디]

百川朝海(백천조회) 모든 강이 바다로 흘러들듯이 이끗(재물의 이익의 실마리)이 있는 곳에는 사람이 모이게 마련이라는 뜻.

불행한가, 행복한가의 기준은 없다. 그것은 다만 그 사람이 마음먹기 나름이다.

추위에 떨어본 사람일수록 태양의 따스함을 느낀다. 인생의 고뇌를 겪어본 사람일수록 생명의 위대함을 안다

W. 휘트먼 [풀잎]

휘트먼의 밝고 강인한 인생관이 엿보이는 귀절이다. 스스로 체험한 것이라야 진한 감동을 준다는 말이다. 병을 앓아본 사람이 건강의 소중함을 알듯이 인생의 쓴맛단맛을 보아야만 생명의 존귀함을 알고 사랑할 수 있다.

인생이란, 차표를 사서 궤도위를 달리는 차에 탄 사람으로선 알 수 없는 것이다

W. S. 몸 [작가수첩]

정해진 레일 위를 정해진 구간과 정해진 요금으로 달리고 있는 한, 인생의 복잡미묘함을 맛볼 수는 없을 것이며 재미 또한 경험하지 못할 것이다.

진실한 연애를 하는 사람은 모두 첫눈에 사랑을 한다

W. 셰익스피어 [신의 뜻대로]

□□□ [고사성어 한마디]

盟山誓海(맹산서해) 영구히 존재하지 않는 산이나 바다같이 변치 않을 것을 굳게 맹세한다는 뜻으로, 아주 굳은 맹세를 이름.

연애는 타산이 아니다. 사려깊은 판단에서 나오는 것도 아니다. 첫눈에 마음이 이끌리기 시작하여 비극, 희극이 생기면서 진실한 사랑이 만들어져 간다는 뜻일까?

연애는 그림자, 아무리 좇아가도 도망친다. 내가 도망치면 쫓아오고 내가 쫓아가면 도망친다

W. 셰익스피어 [윈저의 쾌활한 아내들]

그래서 사랑에 농락당하면서도 지칠줄 모르고 그것을 쫓고 즐기고 동경하는 것인지도 모른다.

□□□ [고사성어 한마디]

問道於盲(문도어맹) 소경에게 길을 묻는다는 뜻. 곧 ① 효과가 없음의 비유. 헛수고만 함의 비유. ② 알지 못하는 사람에게 무엇을 물어봄의 비유.

제4장
값진 인생을 살기 위한 한마디의 말

매일이 당신의 마지막 날이라고 생각하라. 매일이 당신의 최초의 날이라고 생각하라는 유태격언이 있습니다.

살아가는 하루하루를 오늘이 마지막이라고 생각할 때 사람은 자기가 맡은 바 최선을 다할 수 있고, 과오를 뉘우칠 수 있고, 악착스럽게 물욕에 매달리지 않습니다.

살아있는 하루하루가 당신의 최초의 날이라고 생각할 때 우리는 시련에 굴하지 않고 새로운 각오를 할 수 있으며 희망의 내일을 위해 오늘의 고난을 참아낼 수 있습니다.

주어진 삶을 평탄하게 오래 사는 것이 행복을 가져다 주지는 않습니다. 그 나날을 어떻게 살았느냐가 중요한 것이고 정말로 충실한 인생을 살았다면 그 세월은 아무리 짧더라도 값지다고 말할 수 있습니다. 운명의 순간에 이르러 지나간 날들을 후회함이 없이 행복하게 눈을 감을 수 있는 사람은 분명 값진 인생을 살았다고 할 수 있을 것입니다.

한잔은 사람이 술을 마시고 두잔은 술이 술을 마시고 세잔은 술이 사람을 마신다

[법화경]

한잔의 술은 좋다. 온화한 기분이 된다. 그러나 술이 조금 들어가면 흥이 오르고 술이 술을 원하게 된다. 그리고 결국에는 술에 빠져 정신을 잃게 되는 것이다. 술을 마시는 것 자체는 나쁘지 않다. 그러나 적절한 상태에서 절제하는 의지가 없으면 돌이킬 수 없는 실패를 한다. 이것이 어디 술뿐인가. 세상사 모든 것이 과하면 화를 입는다.

많은 것을 탐하는 자는 항상 많은 것을 필요로 한다

호라티우스 [카르미나]

욕심에는 한이 없는 것이다. 스테레오를 가지면 차를 갖고 싶고 차를 소유하면 집을 갖고 싶다. 집을 갖게 되면 이번에는 골프회원권이 탐나고, 이 정도면 됐다고 하는 경계는 자신의 경제력에 합당한 선일 것이다.

대문자만 있는 책은 읽기 힘들다. 날마다 일요일인 인생도 마찬가지다

상 파울 [각적과 횡적]

□□□ [고사성어 한마디]

君子豹變(군자표변) 군자의 언행은 표범의 무늬처럼 선명하게 변한다는 뜻. 곧 ① 군자는 잘못을 깨달으면 곧바로 선명하게 고침. ② 표범의 무늬가 두드러지듯 (명리를 위해) 성질과 태도가 급변함.

일을 하면서 중간중간 휴식이 있으므로 즐거운 것이지 날마다가 휴일이라면 따분하고 견딜 수 없을 것이다. 인생도 마찬가지이다. 그러나 요즘에는 처음부터 변화가 없고 여가가 많은 인생을 보내고 싶어하는 젊은이가 늘어나고 있는 게 사실이다.

어리석은 자도 현명한 자도 모두 해가 없다. 가장 위험한 것은 어중간한 우자(愚者)와 어중간한 현자(賢者)이다

괴테 [친화력]

현명한 자는 무엇인가 일을 벌여도 그르치는 일이 없고 어리석은 자는 어리석은 일만 하므로 주의할 수 있다. 그러나 어중간한 사람은 어중간한 생각으로 일을 벌이려고 하기 때문에 성가신 것이다.

돈이 말을 할 때 진리는 입을 다문다

[서양속담]

돈의 힘은 위대하다. 현대에는 갈수록 그 힘이 커져가고 있다. 진리는 고사하고 시간도 공간도 마음먹은 대로이다. 아무리 진리를 소리높여 외치더라도 금전만능의 시대에는 통용되지 않는다. 진리는 이렇게 묵살되고 결국 사회는 부패하는 것이다.

□□□ [고사성어 한마디]

窮余一策(궁여일책) 매우 궁박하여 어려운 끝에 짜낸 한가지 꾀. 궁여지책.

돈은 제6감과 같은 것이다. 이것이 없으면 다른 5감도 충분히 기능하지 않는다

S. 몸 [인간의 굴레]

5감은 시각, 청각, 미각, 후각, 촉각을 말한다. 제6감은 그 이외의 감각이다. '퍼뜩 떠오른다'는 경우에 사용된다. 그러나 고급 레스토랑에서의 식사 등에서는 5감 모두를 만족시키고 또한 돈을 지불한다는 자극이 5감의 만족도를 높여줄 것이다.

돈을 빌려준 사람은 돈을 빌린 사람보다 훨씬 기억력이 좋다

프랭클린 [가난한 리차드의 경력]

돈을 빌려준 사람은 그 돈을 변제받고 싶으므로 잊지 못하지만 빌린 쪽은 갚을 의사가 있더라도 깜박 잊어 버리기 쉽다. 빌려준 쪽은 상대방이 잊어 버리거나 하면 불안해지고 안 좋은 기분이 드는 것이다.

허영은 모든 인간적인 것중에서 가장 인간적인 것이다

미키 키요시 [인생론 노트]

허영을 부린다는 것은 나쁜 것이 아니다. 사람을 속이는 허세 부리기는 바람직하지 않지만 조금은 자신을 꾸미는 것도 좋은 일이 아닐까?

□□□ [고사성어 한마디]

窮鼠齧猫(궁서설묘) '궁지에 몰린 쥐는 고양이를 문다'는 뜻으로, 약자라도 궁지에 빠지면 결사적으로 강적에게 대항함의 비유.

허영심은 타인을 거울로 사용하고 이기심은 타인을 도구로 사용한다

텐니에스 [게마인 사프트와 게젤 사프트]

허영심은 자신이 타인과 같거나 그보다 훨씬 낫다는 기분이다. 이 경우에는 타인을 거울로 삼는다. 또한 이기심은 사람의 기분은 생각도 하지 않고 그 사람을 도구처럼 사용한다. 두가지 다 자기가 중심이다.

금전은 비료와 같은 것으로 뿌리지 않으면 쓸모가 없다

F. 베이컨 [수상집]

돈은 가지고 있기만 해서는 아무 쓸모도 없다. 그러나 무엇인가를 하려고 할 때에는 충분히 힘을 발휘한다. 그것은 밭에 뿌리는 비료와 같은 것이다. 그러나 그 양과 시기를 그르치면 아무 쓸모도 없다.

돈은, 타인이 보기에는 행복하게 보이는 모든 것을 부여한다

레니에 [통크]

바야흐로 금전만능의 세상이다. 돈으로 살 수 없는 것은 거의 없다고도 할 수 있는 세상이 되었다. 그러나 곁에서 보면 장미빛 같은 인생이라도 본인은 돈으로 살 수 없는 것, 건강과 젊음이 없음을 잘 알고 있다.

□□□ [고사성어 한마디]

弓的相適(궁적상적) '활과 과녁이 서로 맞는다'는 뜻으로, 하려는 일과 기회가 꼭 들어맞는다는 말.

금전욕은 모든 악의 근원으로 여겨지고 있다. 그러나 돈이 없는 것도 이 점에서는 똑같다

버틀러 [에레혼]

지나친 금전욕은 부정의 근원이다. 그래서 금전욕은 악으로 여겨지고 있으나 그 점에서는 가난도 마찬가지이다. 돈을 위해서라면 태연하게 사람까지 죽이는 것이 지금의 현실이므로.

곶감 빼먹기

[속담]

요즘은 쉽게 볼 수 없는 풍경이지만 옛날에는 가을이 되면 농가의 처마끝에 곶감이 대나무 꽂이에 꽂혀서 널려 있었다. 달콤한 맛에 하나씩 빼먹다 보면 자기도 모르는 사이에 전부 없어져 버린다. 조금씩 없어져가는 것의 비유. 모처럼 한푼두푼 저축한 돈도 곶감 빼먹기식이 되어서는 남아날 리가 없다.

검약에 있어서 인색함은 헤픈 것 이상의 적이다

라 로슈푸코 [잠언]

집을 사거나 할 때에 돈을 조금 아끼려다가 타이밍을 놓치고 다음 기회에는 이미 모아놓은 돈을 전부 쏟아부어도 살 수 없는 경험을 해본 사람은 많을 것이다. 검약의 정신은 좋으나 필요한 때에 너무 인색하게 굴면 때를 놓친다는 경구이다.

□□□ [고사성어 한마디]

拳拳服膺(권권복응) 마음속 깊이 정성껏 간직하고 잊어 버리지 아니함.

고생이 인간을 고상하게 한다는 것은 사실이 아니다. 행복이 때로는 그렇게 하는 일이 있는데 고생은 대개 인간을 인색하고 심술궂게 하는 것이다

S. 몸 [달과 6펜스]

고생을 얼굴에 새긴 것 같다는 말이 있다. 우리는 그런 류의 사람을 주위에서 쉽게 볼 수 있는데 그 사람이 가령 심술궂다고 하더라도 신경쓰지 말라. 그 사람은 행복해지는 법을 모르고 있는 것이다.

군자의 교제는 물처럼 담백하고 소인의 교제는 감주처럼 달콤하다

장주 [장자(莊子)]

"군자지교담약수 소인지교감약례(君子之交淡若水 小人之交甘若醴)" 감주는 입에 달짝지근하게 달라붙는다. 물은 담백하게 느껴지지만 언제든지 질리지 않고 마실 수 있다. 반면에 감주는 금방 싫증이 난다. 교제의 비결을 물과 감주에 비유한 것이다.

호의에서 나오는 거짓말은 불화의 원인이 되는 진실보다 낫다

사디 [고레스탄]

□□□ [고사성어 한마디]

權謀術數(권모술수) 목적을 위해서는 수단, 방법을 가리지 않고 때와 형편에 따라 둘러맞추는 모략이나 술책.

예컨대 부부의 어느 한쪽이 바람을 피우는 경우, 제3자는 그것을 알면서도 거짓말을 둘러대는 것이 낫다. 진실을 알게 되면 돌이킬 수 없는 사태가 되지만 거짓임을 알더라도 거짓말이라면 용서할 수 있기 때문이다.

항산(恒産)이 없는 자 항심(恒心)이 없다

[맹자]

"무항산자 무항심(無恒産者 無恒心)" 恒産이란 안정된 생활수단의 뜻이다. 항상 돈에 쫓기고 있어서는 안정되고 편안한 마음을 얻을 수 없다. 물론 사악한 돈을 갈취하여 생활의 풍요를 향수하더라도 항심(恒心)은 얻을 수 없다. 인간에게 있어서 중요한 것은 수수하고도 성실한 생활이다.

행복해지는 데는 두가지 방법이 있다. 욕심을 줄이거나 소유물을 늘리는 것이다. 그 어느쪽을 선택해도 좋다

프랭클린 [프랭클린 자서전]

[부에 이르는 길]이라는 저서를 낸 프랭클린의 말이다. 소유물이 늘어나고 욕망을 줄여 나가면 더할 나위 없겠지만 양자택일하기란 어려운 일이다.

행복은 바람둥이 창부. 언제나 같은 장소에 머물줄을 모른다

하이네 [로만체로]

□□□ [고사성어 한마디]

捲土重來(권토중래) 한번 패하였다가 세력을 회복하여 다시 쳐들어옴.

반체제의 선구자, 독일의 시인 하이네가 사회모습을 공격대상으로 삼은 귀절. 상대가 능수능란한 창부라면 이쪽은 그 이상의 비책을 강구해야 한다.

이 세상의 일은 아무리 사소한 것이라도 예단은 금물이다

릴케 [말테의 수기]

인생은 아무리 사소한 것이라도 예상할 수 없는 많은 부분으로 짜여져 있다. 그러므로 하찮은 것이라도 무시하지 말고 신중하게 대처해 나가야 한다.

이 세상은 슬픔으로 가득 찬 대로에 불과하고 우리는 그곳을 왕래하는 순례자, 죽음은 이 세상에서의 고통의 끝

초사 [캔터베리 이야기]

인생이 슬픔으로 가득 찬 대로에 불과하다고 하더라도 아직 얻지 못한 즐거움을 죽음이 끝내게 하려는 것은 유감이라는 것을 행간에 숨겨진 함축적인 의미로 받아들여야 한다.

이 세상은 생각하는 자에게는 희극, 느끼는 자에게는 비극이다

월폴 [서한집]

□□□ [고사성어 한마디]

隙駒光陰(극구광음) 닫는 말을 문틈으로 보는 것과 같다는 뜻으로, 세월의 흐름이 썩 빠름의 비유.

감정에 빠지면 마치 자기가 비극의 주인공이 된 듯한 착각에 사로잡혀 버린다. 그러나 다소 거리를 두고 냉정하게 관찰하면 대수롭지 않은 익살극과 같은 것이 세상사이다. 희비가 엇갈리는 사람의 모습, 관객이 된 입장에서 즐겨보는 것도 괜찮다.

재산을 많이 가지고 있으면 걱정거리도 그만큼 늘어나지만 재산이 전혀 없는 편이 걱정거리는 더 많다

[유태격언]

돈이 없는 자의 입장에서 본다면 재산의 사용법, 숨기는 법, 빌려주는 법, 늘리는 법 등의 걱정거리라면 얼마든지 해보고 싶은 것이 인지상정이다.

지갑이 가벼우면 마음이 무겁다

[서양속담]

가난은 고통스럽다는 것을 경묘하게 표현하고 있다. 가진 것이 없으면 그만큼 마음이 무거워지고 자신이 초라하게만 여겨진다. 그러나 지갑이 무겁다고 해서 마음이 가벼운 것만도 아니니, 부정한 수법으로 지갑을 늘리기보다는 가벼우면 가벼운대로 맞춰가며 살아가는 것도 삶의 지혜이다.

□□□ [고사성어 한마디]

極樂淨土(극락정토) (불교)아미타불이 살고 있는 정토. 이 세상에서 서쪽으로 십만억의 불토를 지나서 가면 있는데, 모든 것이 완전히 갖추어져 있으며 고환(苦患)이 없다는 안락한 세계.

지갑속과 마음속은 사람에게 보이지 말라

[속담]

본심을 함부로 드러내거나 경제상태를 알리거나 하면 사악한 마음을 가진 상대는 약점을 잡고 늘어지거나 배반할 수도 있다. 그렇다고 없는 것을 있는 것처럼 꾸며보일 필요는 없다.

재보는 불과도 같은 것. 매우 유용한 하인노릇을 하는가 하면 가장 무서운 주인노릇도 한다

칼라일 [과거와 현재]

불은 인간생활에 필요불가결한 것인 반면에 화재와도 같은 무서운 것으로도 변한다. 돈도 역시 적절하게 사용하고 있는 한 생활에 풍요를 가져다주는 것이지만 돈이 주체가 되어 버리면 반대로 돈에 의해 사용되고 돈의 수전노가 되어 버린다.

술이 들어가면 그 순간 예지가 도망친다

허버트 [재크라 푸르덴탐]

술을 마시면 확실히 사고회로가 원활하게 작동하지 못하게 되고 혀가 잘 돌아가지 않게 된다. 평소에 총명하고 단호했던 사람이 칠칠치 못한 행색을 하여 환멸받는 일도 있다. 그러나 긴장의 연속인 현대인의 스트레스를 푸는 데는 술의 이점 역시 간과할 수 없을 것이다.

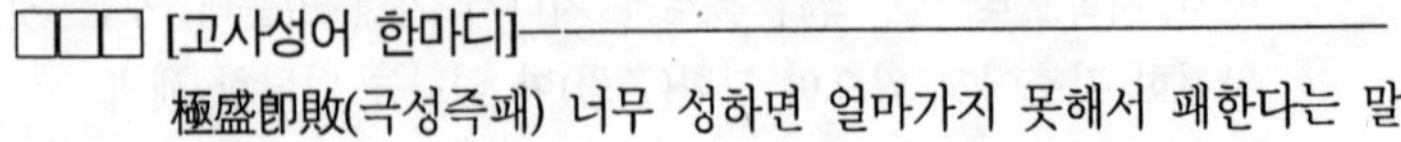

極盛卽敗(극성즉패) 너무 성하면 얼마가지 못해서 패한다는 말.

술은 아무것도 발명하지 않는다. 다만 비밀을 누설할 뿐이다

실러 [피콜린미니부자]

술 때문에 해서는 안 될 말을 털어놓았다는 이야기는 흔히 듣는다. 그래서 술을 권하여 사업적인 비밀을 알아내려는 작전이 많이 쓰이기도 한다. 속셈이 들여다 보이는 술좌석은 피하는 것이 상책이다.

질투에는 휴일이 없다

[서양속담]

주휴 2일제의 기업도 늘어나고 여가를 즐길 수 있는 시간도 늘어났으나 질투하고 시기하는 마음은 끊임없이 작용하고 '어두운 일요일'은 계속된다. 이는 상대가 연적이건 아니건 상관없이 동료나 이웃까지도 대상으로 삼는다. 때로는 마음도 세탁하여 건조시키면 상쾌해지는 법이다.

내 주머니의 푼돈은 남의 주머니에 있는 거금보다 낫다

세르반테스 [동키호테]

남이 아무리 큰 돈을 가지고 있더라도 그것은 어디까지나 남의 돈, 나와는 상관없는 것이다. 비록 소액이라도 자기의 돈이라면 언제 어떤 경우라도 자유롭게 사용할 수 있다. 타인이 빌려주는 큰 돈보다 그 점에서 훨씬 나은 것이다.

□□□ [고사성어 한마디]

金剛不壞(금강불괴) (불교) 금강과 같이 굳어서 파괴되지 아니함을 가리키는 말.

자기가 타인에게 해주기를 원하는 것을 타인에게도 그대로 해주어서는 안 된다. 그 사람의 취향이 반드시 자기와 일치한다고는 할 수 없기 때문이다

버나드 쇼 [사람과 초인]

"남이 해주기를 바라는 것을 너희도 남들에게 하라"는 예수 그리스도의 말을 흉내낸 패러디이다. 실제로 자기와 입장이나 취미가 다른 사람에게 그리스도의 가르침을 액면 그대로 실행하면 도리어 폐가 되는 경우가 있다. 선의의 강요가 되지 않도록 케이스 바이 케이스의 신중한 대응이 중요하다.

습관은 제2의 천성이다

[서양속담]

원래 갖추고 있지 못한 자질이라도 습관에 의해 자기 것으로 만들 수 있다. 결점과 버릇도 노력에 의해 고칠 수 있다. 그러나 일단 몸에 붙은 습관은 쉽게 고쳐지지 않는다는 것을 명심하고 좋은 습관을 길러야 한다.

10세에는 과자에, 20세에는 연인에게, 30세에는 쾌락에, 40세가 되면 야망에, 그리고 50세를 맞으면 탐욕에 이끌린다

J. J. 루소 [에밀]

□□□ [고사성어 한마디]

金科玉條(금과옥조) 조금도 움직일 수 없는, 금옥과 같이 귀중히 여기며 신봉하는 법칙이나 규정.

사람의 나이가 몇살이 되든 욕망에 흔들리는 것은 마찬가지이다. 다만 그 대상이 변할 뿐이다. 문명은 갈수록 인간을 탐욕스럽게 하고 타락시킬 뿐 예지를 찾는 일에 소홀히 하고 있다. 태고시대의 자연스런 본성으로 돌아가라고 주장한 루소. [에밀]은 어린이의 순수하고 자연스런 마음을 어떻게 이상적으로 키울 수 있는가를 논한 저서이다.

농담에 진심을 섞어 변화를 주는 것은 좋은 일이다.

F. 베이컨 [수필집]

부침이 심하고 다망한 인생을 보낸 베이컨. 그가 발안한 귀납법에 기초하여 말하면 그 인생과 이 말 자체가 농담과 진심을 뒤섞은 좋은 표본이다. 거꾸로 말해서 진심은 너무 직설적으로 표현하지 말고 농담을 섞어서 부드럽게 표현하는 것이 좋다. 명언 · 명구는 모두 좋은 견본이 될 것이다.

진실 속에는 보다 많은 아름다움이 있다. 비록 그것이 끔찍한 아름다움이라 하더라도

스타인벡 [에덴의 동쪽]

진실에서 눈을 돌리지 말고 빈틈없이 관찰하면 그 안에서 더 많은 아름다움이 보인다. 스타인벡 자신을 포함하여 많은 예술가가 발견하고 표현해온 것은 모두 그러한 끔찍할 정도의 아름다움이다.

□□□ [고사성어 한마디]

金城湯池(금성탕지) 방비가 아주 견고한 성. 금성철벽.

청년은 사랑을 추구하고 장년은 지위를 추구하고 노인은 탐욕스러워 지위도 명예도 모두 손에 넣으려고 한다

알랭 [정신과 정념에 관한 81장]

주지적인 모럴리스트인 알랭. 탐욕으로 치닫는 현상을 방향전환하여 본성인 선으로 되돌아가는 것이 인간의 진정한 행복과 진보로 이어진다고 설득한다.

시간의 흐름이 빠른지 늦은지 그것을 깨닫지도 못하는 시기에 사람은 가장 행복하다

트루게네프 [아버지와 아들]

시간이 빨리 지나갔으면 좋겠다고 생각할 때가 있는가 하면 더욱 시간이 필요할 때도 있다. 시간이 흐르는 것을 신경쓰지 않아도 좋은 때는 가장 여유롭고 또한 무료감을 느끼지 않는 때이다. 느긋하게 시간의 흐름에 몸을 맡기고 있을 때 인간은 가장 인간다워질 수 있다.

왜 변함없이 남의 험담이 그치지 않는 것일까? 사람들은 모두 타인의 공적을 조금이라도 인정하는 것이 마치 자기의 품위에 관련되는 것처럼 생각하고 있다

괴테 [잠언과 성찰]

□□□ [고사성어 한마디]

琴瑟相和(금실상화) 거문고와 비파소리가 화합하듯, 부부사이가 썩 좋음.

악평은 금방 퍼져나가지만 좋은 평판은 널리 퍼지지 않는다. 인간의 자존심이 타인을 높게 평가하는 것을 허용하지 않기 때문일까? 남을 크게 칭찬하는 사람을 보면 그 사람 자신이 자신에 넘치고 매력적임을 알게 된다. 적어도 트집만 잡는 사람보다는 크게 보인다.

부는 바닷물과도 같은 것. 마시면 마실수록 목구멍의 갈증이 커진다

쇼펜하워 [행복을 위한 경구]

본래 부는 그것으로 무엇인가를 행하기 위한 것이다. 흔히 말하듯이 무덤으로 재산을 가지고 갈 수는 없는 것이다. 그런데도 부가 축적되면 사람들은 좋아하고 더 많이 부를 모으는 것이 목적이 되어 버린다.

친구와 포도주와 돈은 오래될수록 좋다

[서양속담]

모두가 오래될수록 맛이 깊어진다. 만난지 얼마 안 되는 신선한 기분도 버리기 아깝지만 세월이 흐르고 구차한 말이 필요치 않을 만큼 서로의 정감이 통하는 우정에는 달리 대신할 것이 없다. 세월이 흐르고 오래될수록 친구도 와인도 돈도 모두 보물이 된다.

□□□ [고사성어 한마디]

錦衣一食(금의일식) '비단옷이 한끼'란 뜻으로 값진 옷보다 한 그릇의 밥이 더 필요하다는 말.

인간이란 자기의 불행과 불운을 불평만 하는 동물이다

기싱 [헨리 라이크로프트의 기록]

어설프게 말을 배웠기 때문에 푸념을 하는 것일까? 확실히 동물들은 자기들이 놓인 환경에서 필사적으로 살아가는 노력을 하고 있다. 인간중에도 주어진 환경에서 필사적으로 노력하는 사람은 불평을 하지 않는다. 필사의 노력을 하지 않는 사람은 일생을 푸념 속에 살아간다.

인간으로서는 세가지밖에 할 수 없다. 태어나는 것, 사는 것, 그리고 죽는 것이다

라 브뤼에르 [사람은 가지가지]

인간은 많은 것을 하고 있는 것 같아도 집약해 보면 이 세 가지가 될 것이다. 그중에서 사람이 뜻대로 선택하는 것은 사는 것 정도이다. 그렇다면 그 하나에 전력을 기울여야 하지 않겠는가.

인간은 더없이 연약한 한줄기의 갈대에 불과하다. 그러나 생각하는 갈대이다

파스칼 [팡세]

인간이란 연약한 갈대에 불과하지만 생각하고 판단하고 지혜를 익힌다. 이것이 다른 동물들과 결정적으로 다른 면이다. 이 말은 요컨대 인간의 존재증명이기도 할 것이다.

□□□ [고사성어 한마디]

急轉直下(급전직하) 사태, 정세 따위의 변화, 변전이 급격함.

인간은 환경의 창조물이 아니다. 환경이 인간의 창조물이다

디즈레일리 [비비안 그레이]

환경이 인간을 만드는 것이 아니라 인간이 환경을 만들어 내는 것이다. 지구의 환경문제는 그것을 상징하고 있다. 개인적인 수준에서 말한다면 자기의 악운이나 실패를 상황이나 환경 탓으로 돌리는 사람이 많은데 그러한 나쁜 환경은 스스로가 만들어낸다고도 말할 수 있다.

인간은 서로 속이는 일이 없다면 사회생활을 계속할 수 없다

라 로슈푸코 [잠언]

확실히 본심만 드러낸다면 사회생활은 성립되지 않는다. 경우에 따라서는 선의의 거짓말도 필요하다. 방편이란 말도 있는데 사귈 때의 거짓말은 그렇게 가벼운 것이라고는 할 수 없다. 때로는 상대를 배반하는 경우도 있다.

人間萬事 塞翁之馬(인간만사 새옹지마)

[속담]

새옹의 손에서 도망친 말은 결국 행운을 가지고 새옹의 집으로 돌아왔다. 인간의 행과 불행은 알 수 없다는 말.

빵만 있다면 대개의 슬픔은 견딜 수 있다

세르반테스 [돈키호테]

□□□ [고사성어 한마디]

記問之學(기문지학) 외기만 하고 제대로 이해하지 못한 학문.

반대로 말하면 굶주리는 슬픔에 비하면 어떠한 슬픔도 대수롭지 않다는 말. 음식도 먹고 싶지 않을 정도의 슬픔도 굶주려 죽는 것에 비하면 아무것도 아니다. 식사를 하면 조금은 기분도 안정되는 것이다.

일찍 자고 일찍 일어나는 것은 사람을 건강하게 하고 부자로 만들고 현명하게 한다

프랭클린 [가난한 리차드의 이력]

경직된 현대의 산업구조 속에서 생활의 리듬까지 기계적으로 맞추어 살아간다는 것은 삭막한 기분이 들게도 하지만, 일찍 잠자리에 들고 일찍 일어나는 것으로 상징되는 규칙적인 생활리듬은 건강에는 빼놓을 수 없는 것이다. 육체와 정신의 건강을 유지하고 일에 힘쓰면 돈도 자연히 모이고 현명해지는 것이다.

한알의 밀알이 땅에 떨어져 죽지 않으면 한알인 채로 남는다. 그러나 죽으면 많은 열매를 맺는다

[신약성서 · 요한복음]

한알의 씨앗이 땅에 떨어져 많은 열매를 맺듯이 우리의 삶이 생산적인 삶으로 이루어질 수만 있다면 그 사랑의 죽음은 헛되지 않을 것이다. 내가 살아가는 일생 동안에 무엇을 남길 수 있을까?

□□□ [고사성어 한마디]

起死回生(기사회생) (중병으로)죽을 뻔하다가 되살아남.

사랑의 탄생에서 죽음은 책의 표지와 뒷표지 같은 것

[유태격언]

인생은 한권의 책과 비슷하다. 탄생은 책의 표지를 넘기는 것과도 같다. 표지를 넘긴 책속에 갖가지 인생 드라마가 전개된다. 그리고 그 드라마가 끝났을 때 책의 뒷표지는 조용히 닫힌다.

사람이 정직하게 말하는 것은 무슨 이유인가? 신이 거짓말을 금지했기 때문이 아니다. 그것은 거짓말을 하지 않는 것이 마음이 편하기 때문이다

니체 [인간적인, 너무나 인간적인]

하나의 거짓말은 그것을 감싸기 위하여 다음의 거짓말을 낳는다. 그 거짓말은 또 다른 거짓말을 만든다. 거짓말을 하는 것은 그만큼 편하지가 않다. 양심의 가책과 그 후의 잔걱정을 생각하면 정직하게 사는 것이 편하다는 말의 의미는 백번들어도 지당하다. 그러면서도 걸핏하면 거짓말을 하는 것이 인간의 어리석음이다.

두툼한 지갑이 좋다고는 말할 수 없다. 그러나 텅 빈 지갑은 더 나쁘다

[유태격언]

□□□ [고사성어 한마디]

奇想天外(기상천외) 보통사람이 쉽게 생각할 수 없는 엉뚱한 생각.

돈이 있다고 행복한 것은 아니다라는 말은 많은 격언이 시사하고 있다. 그러나 없는 것이 나쁘다고 잘라 말하는 격언은 별로 없다. 그야말로 유태적인 말이라고 할 수 있겠다. 확실히 돈으로 행복을 살 수는 없을지도 모르지만 빈곤에서 맛보는 불행을 막을 수는 있다.

방해가 크면 클수록 욕망은 더 커진다

라 로슈푸코 [잠언]

셰익스피어의 [로미오와 줄리엣]을 보더라도 이 말은 진실이다. 인간의 욕망은 억압에 대해서는 강하게 반발한다. 로미오와 줄리엣도 서로의 운명을 개척하기 위하여 죽음이라는 궁극의 방법을 취했다. 방해의 원인이 내적에 있든 외적에 있든 너무 강하면 욕망이 폭발한다.

알맞은 정도라면 소유는 인간을 자유롭게 한다. 도를 넘어서면 소유가 주인이 되고 소유하는 자가 노예가 된다

니체 [인간적인, 너무나 인간적인]

주객이 전도된다는 말일 것이다. 인간을 노예로 만들지 않을 정도의 소유란 어느 정도인가? 사람에 따라서 다를 것이다. 욕심에 중용을 지키고 주인이고자 노력할 때 소유한 물건은 주인에게 복종하는 것이다.

□□□ [고사성어 한마디]

箕山之節(기산지절) 굳은 절개나 신념에 충실함의 비유.

만일 친구가 남몰래 수근거리는 것을 알게 되면 그것이 비록 진지하게 사실 그대로를 말했다고 하더라도 우정은 거의 유지되지 않는다

파스칼 [팡세]

서로 두터운 우정으로 맺어진 친구라고 하더라도 생각하고 있는 모든 것을 이야기하지는 않을 것이다. 모든 것을 털어놓을 만큼 자기가 순수하지 않음을 누구나 알고 있다. 이야기하지 않는 것은 거짓이 아니라 양식에 기초한 판단으로 생각해야 할 것이다.

가장 아름다운 꽃이 향기가 제일 좋은 것은 아니다

[서양속담]

아름다움을 외면으로, 향기를 내면으로 비유한 말이다. 외면의 아름다움이 반드시 좋은 마음을 가지고 있다고는 할 수 없다. 미인박명이라는 말도 있듯이 하늘은 한 인간에게 두가지 복을 주지는 않는다. 사람을 볼 때는 내면의 깊이를 관찰하는 것이 더 중요하다.

친구나 은인의 결점에 대하여 노골적으로 말하게 되었다면 더이상 그들과의 우호관계를 지속할 수 없다

라 로슈푸코 [잠언]

□□□ [고사성어 한마디]

旣成事實(기성사실) 이미 이루어진 사실. =기정사실.

타인과의 관계는 아무리 친근한 사이라 해도 반드시 서로간에 절도가 필요하고 법도가 있다. 말해서는 안 될 말이 있고 삼가해야 할 사항이 있다. 너무 친해지면 그 울타리가 있음을 잊기 쉬운데 바로 그 울타리가 뒤에서 우정을 떠받쳐주는 것이다.

사물의 미는 그것을 응시하는 사람의 마음속에 있다

흄 [비극에 대하여]

미는 추상적인 것이다. 그것을 구상화하는 것은 인간의 의식이고 상상력이다. 아무리 아름다운 것을 보더라도 그것을 본 사람의 마음에 상상력이 작용하지 않으면, 그것은 아름다움이 되지 않는다. 마음의 캠퍼스를 가져야만이 미를 자기 것으로 할 수 있다.

용서하라. 그리하면 너희도 용서 받는다

[신약성서 누가복음]

타인에게 관대하라는 뜻. 인간은 종종 그 반대인 경우가 많다. 그런데 관대한 것은 타인에 대하여 야무지지 못한 것으로 혼동되기 쉽다.

세상에서 가장 부자는 검약가, 가장 가난한 것은 수전노이다

샹포르 [잠언과 사상]

□□□ [고사성어 한마디]

旣往不咎(기왕불구) 이미 지난 잘못은 책망하더라도 아무 소용없다는 뜻.

필요한 돈도 내지 않는 사람은 어떤 가난뱅이보다도 가난하다. 돈의 노예가 된 정신은 빈곤하다. 검양과 인색이 근본적으로 다른 것은 돈을 모으는 목적과 그 사용법이다.

로마에서는 로마인처럼 행동하라

[서양속담]

기독교의 초기교회시대. 성 아우구스티누스가 밀라노의 사교에게 로마와 밀라노의 관습의 차이를 물었을 때의 밀라노 사교의 답신. 각 지역에 따라서 관습과 풍습은 다르다. 현대와 같은 국제사회에서는 사전의 정보수집도 쉽다. 자기방식을 고집하지 말고 그 토지의 방식에 익숙해지는 것이 빠르게 융화될 수 있는 길이다.

우리는 짧은 인생을 부여받은 것이 아니라 우리가 그것을 짧게 만들고 있다

세네카 [인생의 짧음에 대하여]

긴 세월을 살아온 것이 그대로 행복으로 이어진다고는 할 수 없다. 중요한 것은 그 세월을 어떻게 살았느냐이다. 정말로 충실한 인생을 살았다면 그 세월은 시간의 흐름을 초월하여 무한하다.

아직 삶을 모르는데 어찌 죽음을 알겠는가

[논어]

□□□ [고사성어 한마디]

樂生於憂(낙생어우) 즐거움은 항상 고생하는데서 나온다는 뜻.

"미지생 언지사(未知生 焉知死)" 죽으면 어떻게 되느냐고 묻는다면 무슨 말로 답하겠는가? 아직 산다는 것이 어떤 것인지도 모르는 우리 인간 생활인데. 언제 올지도 모를 죽음에 대하여 이런저런 고민을 하기보다는 어떻게 살 것인가를 생각하는 것이 좋지 않을까?

보람있게 보낸 하루가 편안한 잠을 가져다주듯이 값지게 쓰여진 인생은 편안한 죽음을 가져다 준다

레오날드 다빈치 [수기]

후회가 없는 충실한 나날을 살아가는 것이 사람에게 만족과 안심을 가져다 준다. 주어진 나날을 헛되이 살아간 사람일수록 죽음에 이르러 더 많은 후회를 하는 것이다. 운명의 순간에 이르러 미련없이 눈을 감을 수 인간은 가장 행복할 것이다.

노쇠는 얼굴보다는 마음속에 더 많은 주름을 남긴다

몽테뉴 [수상록]

나는 이제 나이를 먹었다고 생각하다 보면 몸보다도 마음이 더 늙어 버린다. 중요한 것은 마음가짐이다. 마음이 젊어지면 마음속의 주름은 생기지 않는다.

□□□ [고사성어 한마디]

落花流水(낙화유수) '떨어지는 꽃잎과 흐르는 물' 곧 낙화에 정이 있으면 유수 또한 정이 있어 그것을 띄워서 흐를 것이란 뜻으로, 남녀에게 서로 그리워하는 정이 있음을 이르는 말.

50이 되어서야 천명을 안다

[논어]

"50이지천명(五十而知天命)" 공자는 50이 되어서야 비로소 운명이란 것을 알았다고 가르치고 있다. 그러나 장수사회가 된 현재는 본격적인 인생은 50부터이다. 50이 되어 자기가 살아야 할 사명을 발견했다면 오히려 행복한 것. 공자의 시대에도 귀족은 50이 되고부터 관청의 장관직에 오르고 책임있는 일을 맡았다고 한다. 50이 되어서도 본격적인 인생은 지금부터라고 생각하자.

이 세상에서는 당신이 영원히 죽지 않는다고 생각하고 모든 것을 계획하라. 저 세상을 위해서는 내일 죽는다고 생각하고 계획하라

[유태격언]

사람은 모두가 죽을 운명이지만 그것을 생각하고 팔장만 끼고 있어서는 안 된다. 영원히 죽지 않는다고 생각하면 가일층의 노력과 집중력이 성공을 낳을 것이다. 내일 죽는다고 생각하면 악착스럽게 발버둥치지 않는다. 위대한 힘 앞에서는 겸허해지는 것이 인간이다.

자기의 생명을 사랑해도 미워해도 안 된다. 그러나 살아 있는 한 그 생명을 소중히 여기라

밀턴 [실락원]

□□□ [고사성어 한마디]

難攻不落(난공불락) 공격하기가 어려워 쉽게 함락되지 아니함.

자기의 인생을 소홀히 여겨서는 안 되지만 내 몸을 아끼는 것도 도가 지나치면 재앙을 초래한다. 살아 있는 오늘을 소중히 여기고 알차게 살고 즐길 것이다. 결과가 장수인가 단명인가는 하늘만이 아는 것이다.

시어머니는 과거에 며느리였던 것을 기억하지 못한다

[서양속담]

사람은 자기가 고생한 것을 망각하기 쉽다. 막상 시어머니가 되고 보면 옛날의 고생은 망각한 채 새로 들어온 며느리에게 자신의 입장만 강요하는 것 같다. 고부간의 갈등은 양의 동서를 불문하고 공통된 문제인 것 같다.

인생에 집착할 이유가 없는 사람일수록 인생에 매달린다

에라스무스 [백치예찬]

목표가 없는 인생은 허망한 것이다. 충족감도 얻을 수 없고 그래서 앞에는 무엇인가 있을 거라고 생각하고 죽는 것이 불안해 견디지 못한다. 이러한 경향은 누구나 조금은 가지고 있겠지만 매달릴수록 얻어지는 것은 없다.

인생은 불충분한 전제에서 충분한 결론을 끌어내는 기술이다

버틀러 [노트북]

□□□ [고사성어 한마디]

難兄難弟(난형난제) 누구를 형이라 하고 누구를 아우라 하기 어렵다는 뜻으로, 두 사물이 서로 비슷하여 낫고 못함을 분간하기 어려움의 비유.

인생의 전도에는 무엇이 있는지 모른다. 그러나 그 전도가 순항이든 난항이든 헤쳐나가고 성공해야만 한다. '불행은 행복보다 좋은 교사'라는 말도 있다. 그렇게 난관을 헤치고 나가 알찬 결론을 끌어내는 것이 삶의 기술일 것이다.

인생은 아름답다. 그러나 인생의 종국은 죽음이다. 이것은 모든 인간 소망의 구극이기도 하다.

스윈번 [고통의 발라드]

훌륭한 인생도 그 종국은 죽음이다. 그리고 사람은 최후에 하늘의 부름을 받기를 스스로 원하는 것이다.

인생은 산을 오르는 것과 같다. 오르고 있는 동안 사람은 정상을 바라본다. 그리고 자기가 행복하다고 느낀다

모파상 [베라미]

"그러나 정상에 도달하면 곧 내리막이 보인다. 내리막이 죽음이다. 종말이 보인다"는 말로 이어진다. 산을 오르는 즐거움, 즉 살아가는 과정의 체험이 인생이며 그것이 행복이다.

청년시대는 지혜를 연마하는 시기이며 노년은 그것을 실천하는 시기이다

J. J. 루소 [고독한 산보자의 꿈]

□□□ [고사성어 한마디]

朗朗細語(낭랑세어) 낭랑한 목소리로 속삭이듯 말함.

젊은 시절에 겪어온 여러가지 경험이 나이를 먹고나면 실력을 행사한다. 무슨 일에든 적극적으로 나서야 한다. 그것이 바로 무엇과도 바꿀 수 없는 귀중하고도 풍부한 지식과 경험을 만드는 것이다.

세계는 하나의 무대. 모든 인간은 남자나 여자나 배우에 불과하다

셰익스피어 [신의 뜻대로]

무대위에서 펼쳐지는 일막의 연극 속에도 인생의 축도가 담겨 있다. 그 무대에는 갖가지 인물이 등장하고 또 사라진다. 인생이라는 무대에서도 서투른 배우가 되어서는 안 될 것이다.

사람은 30이 되어서 자신을 바보같다고 생각한다. 40이 되어서 자각하고 계획을 재검토한다. 50이 되어서 불명예로운 지연에 화를 내고 결의를 새롭게 한다

에드워드 영 [야상시]

인생은 실패와 후회의 연속이다. 문제는 이 실패를 자각하고 있느냐 아니냐이다. 자각하고 있다면 반성할 수 있고 만회하고자 의욕을 새롭게 할 수 있다. 노년은 그 만회의 길을 곧바로 걸어가는 것이기도 하다.

□□□ [고사성어 한마디]

難行苦行(난행고행) 난행과 고행. 여러가지 고난을 참고 하는 수행.

나이를 먹었다고 해서 현명해지는 것이 아니다. 조심성이 많아질 뿐이다

헤밍웨이 [무기여 잘 있거라]

조심성은 경험으로 뒷받침되고 있다. 젊은 시절에는 경험도 얼마 없고 젊은 패기만을 믿고 그만 행동으로 치닫기 쉽다. 인간은 모두가 그런 경험을 되풀이 하면서 사려분별을 익혀간다. 미국의 문호는 그것을 단지 조심성이 많아졌을 뿐이라고 간파하고 있다.

청춘의 잘못을 노년까지 끌고 가서는 안 된다. 노년에는 노년의 결점이 있다.

에커맨 [괴테와의 대화]

문제점의 해결을 뒤로 미루어서는 안 된다. 청년에게는 청년의 문제가 있고 노년에게는 노년의 문제가 있다. 젊은 시절에 할 수 없었던 것을 나이를 먹고나서 하려고 해도 그것은 어려운 일이다.

매일이 당신의 마지막 날이라고 생각하라. 매일이 당신의 최초의 날이라고 생각하라

[유태격언]

□□□ [고사성어 한마디]

內省不疚(내성불구) 천지신명에 맹세코 조금도 부끄러움이 없음.

오늘이 마지막이라고 생각하고 최선을 다하고, 실패하면 지금부터 다시 시작한다고 자신을 타이른다. 매일이 그 반복이고 또한 그렇게 할 수 있는 것이 인간이다. 인간만사 마음먹기 나름. 마음먹기에 따라서 하루를 보내는 방법도 달라진다.

주위 사람들에게 '젊어 보인다'는 말을 듣게 된다면 이미 당신은 젊은 것이 아니다

어빙 [스케치북]

칭찬의 말이든 입에 발린 말이든 거기에는 '나이에 비해'라는 전제가 있다. 어떻게 생각하든 그것이 사실이고 사실로 인식해야 하는 것이다. '한동안 못본 사이에 많이 늙었다'는 말을 듣는 것보다는 좋을지 모르지만 본인을 마주보고 그렇게 말하는 사람은 거의 없을 것이다.

가장 장수한 사람이란 가장 많은 세월을 살아온 사람이 아니라 가장 뜻깊은 인생을 체험한 사람이다

J. J. 루소 [에밀]

세월을 살아가며 나이를 먹는 것은 누구나 통과하는 여정, 문제는 그 세월에 새겨진 내용이다. 헛되이 나이만 먹는다고 장수하는 것이 아니다. 비록 짧은 생을 살았더라도 충실한 인생을 살았다면 그것이 바로 장수한 것이라고 루소는 말한다.

□□□ [고사성어 한마디]

內柔外剛(내유외강) 사실은 마음이 약한데도 겉으로 나타난 태도는 강하게 보임.

문제는 어떻게 죽느냐가 아니고 어떻게 사느냐이다. 죽음 자체는 중요하지 않다. 그것은 짧은 한순간의 일이다

보즈웰 [존슨전]

사람은 어떻게 살 것인가를 생각하고 산다는 것에 고심한다. 그것은 세상에 생명으로 주어진 이상, 산다는 것이 그 전제이기 때문이다. 때로는 죽음을 생각하는 일이 있더라도 그 자체가 삶의 의미를 해치는 것이어서는 안 된다.

자연은, 그것을 사랑하는 사람을 배반하는 일이 없다

워즈워드 [서정민요집]

자연파괴가 문제가 되고 있는 요즈음 더욱 깊이 마음에 와 닿는 말이다. 생활의 편리만을 쫓아 수없이 만들어내는 문명의 이기가 자연을 파괴하고 공해를 일으켜 우리 인류에게 해를 주고 있음을 명심하고 이제라도 각자가 솔선수범하여 자연의 파괴를 막아야만 한다.

침상에 누울 때, 내일 아침 일어나는 것을 즐거움으로 여기는 사람은 행복하다

C. 힐티

항상 내일이 있다는 것, 내일을 위해 오늘밤 휴식을 취할 수 있다는 것은 분명 행복이다. 희망을 잃지 않는 사람은 분명 희망 그 자체에서도 건강과 행복을 얻은 것이다.

□□□ [고사성어 한마디]

萬事瓦解(만사와해) 한가지 잘못으로 모든 일이 기왓장 무너지듯 한꺼번에 무너짐.

젊은 시절에는 하루는 짧고 1년은 길다. 나이를 먹으면 1년은 짧고 하루는 길다

F. 베이컨

충실한 하루는 잠깐 사이에 지나가지만 타성에 젖어 보내는 하루는 길다. 충실한 나날이 포개진 1년은 길지만 타성으로 보낸 1년은 무엇을 했는지도 모른채 지나가 짧게 느껴진다.

언제까지고 계속되는 불행이란 없다. 꾹 참아내든가 용기를 내어 털어버리든가 둘 중 하나이다.

로망 롤랑

불행이 지나가기를 인내를 가지고 기다리거나 적극적으로 타개하고자 노력하거나 어쨌든 정신적인 강인함을 가지고 대응함으로써 불행은 극복할 수 있다.

인간의 운명은 인간의 수중에 있다

J. P. 사르트르

실존주의 철학자로 유명한 사르트르의 말. 사람에게는 많은 가능성이 있고 삶의 과정에서 수많은 선택에 몰린다. 그 선택의 순간, 스스로 책임을 지고 선택해 나가는 것이 인간이며 인생이라는 주장이다. 운명을 신의 손에 맡길 수야 없지 않겠는가.

□□□ [고사성어 한마디]

맥수지탄(麥秀之嘆) 기자(箕子)가 은(殷)이 망한 후에도 보리만 자람을 보고 한탄했다는 고사에서 유래. 고국의 멸망을 한탄함.

제5장
자아성취를 위한 한마디의 말

생명이 있는 한, 그 생명이 갖는 힘을 최대한 발휘하여 내일을 향해 살아가는 자세, 그것이 바로 자아성취을 이루는 최상의 비결입니다.

경영학계의 석학, 피터 드러커는 이렇게 말했습니다.

우리가 이용할 수 있는 자원 중에서 끊임없이 성장과 발전을 기대할 수 있는 유일한 것은 인간의 능력뿐이다, 라고.

무한한 잠재능력을 갖춘 인간은 크게 생각함으로써 큰 인간이 될 수 있습니다. 연애감정이나 사랑의 감정도 분명한 대상을 향하여 목숨까지 버릴 수 있는 정열을 바쳐야 내 사람을 만들 수 있고 행복을 얻을 수 있습니다. 이렇게 얻어진 성취는 그 무엇과도 바꿀 수 없는 귀중한 것입니다.

인생의 전기를 맞았을 때, 지나간 과거에 구애되지 말고 새로운 목표를 향해 성큼 내딛을 수 있는 사람, 하루하루를 힘껏 사는 사람에게 내일의 자아성취는 약속됩니다.

전도에 놓인 많은 곤란과 미개척의 새로운 길을 감연히 뚫고 나가는 용기와 적극적인 인생관을 가진 사람은 분명 성취의 크나큰 기쁨과 삶의 환희를 맛볼 수 있을 것입니다.

머리가 움직이면 꼬리도 움직인다

[속담]

솔선수범은 예나 지금이나 사람이 사는 사회의 변함없는 철칙이다. 사회이든 회사이든 지도자가 실력이 있고 선두에 선다면 모두가 뒤따른다. 입으로만 명령을 내려서는 부하는 결코 움직이지 않는다.

당신이 가지고 있는 것을 필요로 하는 사람에게 파는 것은 장사가 아니다. 당신이 가지지 않은 물건을, 그것을 필요로 하지 않는 사람에게 파는 것이 진짜 장사이다

[유태격언]

아무런 노력도 하지 않고 상품이 팔렸다고 그것으로 영업활동을 했다고는 볼 수 없다. '영업이란 거절당했을 때부터 시작이다'라는 말도 있듯이 연구와 노력이 비지니스의 진수이다.

당신의 의지의 주인이 되고 당신의 양심의 노예가 되라

[유태격언]

인간은 누구나 그러하지만 유혹에 이끌리거나 양심에 눈을 가리고 어쨌든 안이하고 편안한 길을 선택하기 쉽다. 그러나 지도자라면 자신을 엄하게 다루고 양심에는 노예처럼 따르는 기개를 가져야 한다.

□□□ [고사성어 한마디]

內憂外患(내우외환) 나라 안팎의 근심걱정.

어떠한 과정에 있어서나 그 성과를 좌우하는 것은 가장 부족한 자원, 즉 시간이다

드러커 [경영자의 조건]

드러커가 경영자원으로서의 '시간'을 중시하고 있는 것을 엿볼 수 있는 귀절이다. 그가 이 사실을 지적한지 20년이 경과한 오늘의 국제화시대, 정보화시대에 있어서는 당시와는 비교도 되지 않을 만큼 시간은 중요한 자원이 되고 있다.

분노에서 자기 자신을 억제하려면 사람이 화내고 있는 모습을 냉정하게 관찰하면 된다.

세네카 [분노에 대하여]

화가 난 사람을 냉정하게 관찰해 보면 차마 듣기 거북한 폭언을 내뱉고 추태를 부림을 볼 수 있다. 그 모습은 매우 우스꽝스럽기 때문에 그것을 보면 자기가 억제할 수 없는 분노에 이끌려들더라도 스스로를 억제할 수 있게 된다. 분노로 추태를 드러낼 지경에 이르게 되면 남들이 화내는 모습을 상기하면 된다.

한번에 바다를 만들려고 해서는 안 된다. 우선 작은 강부터 만들어야 한다

[유태격언]

□□□ [고사성어 한마디]

內淸外濁(내청외탁) 속은 맑으나 겉으로는 흐린 체해야 난세를 살아갈 수 있다는 뜻.

바다만큼 큰 것을 만들 생각이라면 우선 작은 강에서부터 시작하라. 천리길도 한걸음부터. 목표는 크게 잡아도 좋다. 그러나 시작하는 자세가 확실해야 한다.

위대해지면 위대해질수록 비난의 화살을 맞기 쉽다

하이네 [낭만파]

사람은 한계단씩 위로 오르는데 따라 주위에 적도 늘어나고 비난의 화살도 거세어진다. 이것은 어떠한 조직사회에서나 흔히 볼 수 있는 일이다. 그 비난의 화살 앞에 감연히 맞서는 지도자의 모습에 부하는 두터운 신뢰를 기울이는 것이다.

많은 경우에 가르치는 측의 권위가 배우고자 하는 측의 방해가 된다

몽테뉴 [수상록]

시범을 보이고 가르치고 하게 한다. 젊은 신인에게 일을 가르치는 경우의 철칙이다. 가르친다는 것은 어려운 일이지만 훈시를 내리는 것만으론 절대로 부하는 자라지 않는다.

겁장이는 몇 번이고 죽는다. 그러나 용자의 죽음은 한번뿐이다

셰익스피어 [줄이어스시저]

□□□ [고사성어 한마디]

冷語侵人(냉어침인) 매정한 말로 남의 마음을 찌름. 비꼬는 말로 남을 풍자함.

겁이 많은 인간은 죽음을 두려워하는 나머지 몇 번이고 고통을 맛보지만, 죽는 것은 한번이라고 굳게 각오한 사람은 문제가 일어나도 당황하지 않고 침착하게 대응할 수 있다.

숨은 재능은 이름을 팔지 않는다

에라스무스 [바보예찬]

능력이 있는 사람은 그것을 과시하지 않는다. 능력이 없는 사람일수록 재능을 팔려고 하거나 위대한 듯이 보이려고 한다.

나무를 보고 숲을 보지 못한다

[서양속담]

한 부분에만 정신이 쏠리면 전체를 볼 수가 없다. 사소한 문제에 마음을 빼앗기면 대국을 볼 수 없다는 말. 사물을 볼 때에 세부에 주의를 기울이는 것은 당연한 일이지만 그것에만 집착하면 전세상을 잃게 되고 종합적인 판단을 그르치게 된다.

결단—해야 할 일을 실행하겠다고 결심하라. 결심한 것은 반드시 실행하라

프랭클린 [프랭클린 자서전]

□□□ [고사성어 한마디]

怒髮衝天(노발충천) 노한 머리털이 공중에 높이 솟는다는 뜻으로, 몹시 성난 용사의 모습을 일컫는 말.

해야만 한다고 알고 있으면서 좀체로 실행하지 못할 때는 우선 하겠다고 결의한다. 결의를 한 이상은 반드시 실행한다. 이것이 결단이다. 머리속으로 행동해야 한다고 생각하고 있더라도 실제로 행동하지 않으면 의미가 없다. '하겠다는 생각은 있었다'고 나중에 말해 보아야 그 말에 가치는 없다.

금전은 무자비한 주인이지만 유익한 하인이 되기도 한다

[유태격언]

어떤 사람들은 돈을 위해서 일하고 돈 때문에 목숨을 잃기도 한다. 돈에 지배당하면 돈은 무자비하고 냉혹한 주인이 된다. 그러나 돈으로 타인을 움직이게 할 수도 있고 자기는 서비스를 받으면서 즐거운 시간을 보낼 수도 있다. 돈은 사용방식에 따라서 정말로 유용한 하인이 될 수도 있는 것이다.

입보다 귀를 높은 위치에 두라

[유태격언]

거침없이 자기가 생각하고 있는 것을 지껄이기보다는 우선 상대방의 말을 잘 들어야 한다. 회의 등에서도 발언량이 많은 사람보다 타인의 의견을 차분하게 들은 후에 발언하는 사람이 이치에 맞는 의견을 많이 내곤 한다. 또한 평소에 남의 이야기에 귀를 기울이는 사람에게는 정보도 많이 모이고 옳은 판단을 내릴 수 있게 된다.

□□□ [고사성어 한마디]

爐邊談話(노변담화) 화로가에 둘러앉아 서로 부드럽게 주고받는 이야기.

경험부족을 자각하고 있는 사람은 먼저 그 부족한 요소 때문에 목적달성의 시도를 억제 또는 저지당할 생각은 없다고 결의할 필요가 있다

킹슬레이 워드

[사업가 아버지로부터 아들에게 주는 30통의 편지]

과장이나 부장으로 갓 취임한 사람은 그 능력은 차치하고 경험에 있어서 크게 부족한 게 사실이다. 킹슬레이 워드는 아들에의 충고로, 과제와 씨름할 때는 부여된 과제를 치밀하게 검토하기 위한 시간을 아끼지 말라고 가르치고 있다.

현자처럼 생각하고 서민처럼 말하라

[서양속담]

현자는 고도로 심오하게 생각한다. 한편 서민은 그런 생각을 그대로 표현하더라도 이해할 수 없다. 평이하게 말해주면 말의 귀에도 염불이 될 수 있다. 대단한 내용도 아닌데 에두른 표현을 쓰는 사람이 있는데 어려운 내용이라도 평이하고 알기 쉽게 이야기하는 것이 중요하다.

작전계획을 세우는 것은 누구나 할 수 있다. 그러나 전쟁을 할 수 있는 사람은 적다

[나폴레옹 언행록]

□□□ [고사성어 한마디]

老少不定(노소부정) 죽음에는 노소가 따로 없다는 뜻으로, 사람의 수명은 나이와 무관함을 이르는 말.

작전계획은 쾌적한 건물 안에서 만들어지지만 적과 맞서는 전장에는 포연이 자욱하고 피비린내가 난다. 순간의 판단으로 생과 사가 갈린다. 그 책임은 전적으로 지휘관의 것이다. 전쟁을 한다는 것은 그러한 것이다. 사업의 세계에서도 계획은 누구나 세울 수 있다. 그러나 단호하게 실행하고 온갖 권모술수를 동원하여 경쟁상대와 싸우고 승패의 갈림길을 뚫고 나가는 사람은 적다.

현자는 긴 귀와 짧은 혀를 갖는다

[서양속담]

현명한 사람은 타인이 하는 말은 잘 듣고 스스로는 조금밖에 말하지 않는다. 그러려면 우선 정보를 모아야 한다. 그리고 불필요한 객담은 하지 않을 것. 무심결에 한말이나 표현상의 잘못 때문에 불이익을 얻게 될지도 모른다.

겸손도 지나치면 교만이 된다

[서양속담]

"좀 서툴러서요……"라고 말하는 정도는 좋으나 지나치게 자기를 낮추면서 "못해요, 나로서는 도저히……"하고 계속 꼬리를 달면 오히려 거만스럽게 여겨진다. 손님의 접대 등에도 공손한 태도가 필요하지만 도가 지나치면 역효과가 난다.

□□□ [고사성어 한마디]

奴主之分(노주지분) '종과 상전의 나뉨'이란 뜻으로 매우 거리가 멀어 바꾸어 설 수 없는 대인(對人)관계를 이르는 말.

사업의 목적에서 올바른 정의는 단 하나밖에 없다. 그것은 고객의 창조이다

드러커 [현대의 경영]

경영학자 드러커가 제창한 수많은 시사 중에서 많은 기업인에게 충격적인 영향을 주고 있는 것은 '고객의 창조'라는 개념일 것이다.

자기의 실력 이하의 지위에 앉으면 큰 인물로 보이지만 자기 실력 이상의 지위에 앉으면 종종 소인으로 보인다

라 로슈푸코 [잠언]

이것은 여유의 문제일 것이다. 여유가 있을 때는 사람이 크게 보인다. 여기서 여유란 정보 수집력과 정보처리 능력을 말한다. 실력 이상의 일을 맡으면 실무처리와 권한을 혼동하기 쉽다. 이것은 여유가 있는 것이 아니라 무리하게 여유를 보이려고 하기 때문이다.

성공을 확신하는 것이 성공에의 첫걸음이다

로버트 슐러 [신념]

일을 벌이고자 할 때에 사람은 항상 실패의 불안을 품게 된다. 그러나 노력은 물론이고 성공한다는 확신을 가지고 행동하는 것이 무엇보다 중요하다.

□□□ [고사성어 한마디]

論功行賞(논공행상) 공적의 유무·대소를 논결(論決)하여 각각 알맞는 상을 주는 일.

전쟁에는 결단, 패배에는 반항, 승리에는 아량, 평화엔 선의

처칠 [제2차 세계대전]

뛰어난 지도자였던 치칠은 제2차세계대전의 개전부터 종결까지 완고하고 강인한 정치가로 싸움에 대처했다. 치열한 런던공습을 견뎌내고 영국의 전황을 일변시킨 것은 이러한 철학이 있었기 때문이다. 때로는 불굴의 정신과 책모도 필요했다. 지도자에게는 그 모든 것이 요구된다는 것을 제시한 말이다.

전체에서 결정한 것이라서……라고 말하는 것은 책임자로서 취해야 할 책임의 자각을 결여한 것이다

마쓰시타 고노스케 [사원 소양집]

비록 다수결로 정해졌다고 하더라도 그것을 승인했다면 책임자의 결정이다. 그것이 절대로 불리한 조건이거나 자기 책임으로 할 수 있는 것이 아니라고 판단했다면 과감하게 반대하는 패기 역시 책임있는 지위의 사람에게 요구되는 것이다.

선에도 강하고 악에도 강한 것이 가장 강력한 힘이다

니체 [인간적인, 너무나 인간적인]

선악에 모두 강하기 위해서는 양쪽을 모두 알아야 한다. 대조적인 존재를 함께 이해함으로써 선과 악의 본질을 알 수 있다. 나쁜 것에 접근하지 않는다는 것은 현명한 방법이긴 하지만 나쁜 쪽에서 접근해 오면 저항하고 물리칠 힘이 없다.

□□□ [고사성어 한마디]

弄假成眞(농가성진) 장난삼아 한 것이 진심으로 한 것처럼 됨.

창업은 쉽고 수성은 어렵다

오긍(吳兢) [정관정요(貞觀政要)]

"이창업 난수성(易創業 難守成)" 벌여놓은 사업이 쇠하지 않도록 유지해 나가는 것보다는 차라리 새롭게 사업을 벌이는 편이 쉽다. 사업을 일으키는 것은 외부와의 싸움이지만 유지하는 것은 자신과의 싸움이고 그래서 더 많은 노력이 요구된다.

즉단(卽斷), 즉행(卽行)할 수 있는 견식과 기민한 실행력은 지도자에게 불가결한 요건이다

마쓰시타 고노스케 [지도자의 조건]

즉석에서 판단하고 즉석에서 행동하기 위해서는 그만큼 많은 경험과 능력이 요구된다. 지도자는 과거의 경험과 능력을 결집하여 순간적으로 판단하고 행동하는 과감한 실행력을 갖추어야 한다는 말이다.

조직의 개인에 대한 지배는 조직이 사회에서의 기능을 수행하고 사회에 공헌하기 위해 필요한 최소한에 머물러야 한다

드러커 [변모하는 산업사회]

경영자, 관리자 중에는 주위로부터 일중독이라는 비난을 들으면서도 사생활을 희생하여 오늘의 지위를 구축한 사람이 적지않을 것이다. 그러나 자기가 해온 방식을 부하에게 기대하는 것은 시대에 뒤진 사고이다.

□□□ [고사성어 한마디]

弄瓦之喜(농와지희) 딸을 낳은 즐거움.

외관을 중시하는 자는 내면이 무능이다

[열자(列子)]

"중외자졸내(重外者拙內)" 외관, 체재를 중시하는 자는 자기 내면의 충실에 마음을 쓰지 못한다. 사물의 가치를 지나치게 중시하면 외계의 대상에 마음을 빼앗겨 무심의 경지에 이를 수 없게 된다.

싸움에서 이기기는 쉽고 승리는 지키기 어렵다

[오자(吳子)]

"전승이 수승난(戰勝易 守勝難)" 싸워서 이기기는 쉽지만 승리를 유지해 가는 것은 쉽지 않다. 단기간에 힘을 하나에 집중할 수는 있지만 그 힘을 지속하는 것은 쉬운 일이 아니다. 전쟁에 이기면 국민의 마음은 우쭐해진다. 그러나 전쟁에 지든 이기든 국력은 피폐한다. 항상 승리를 지속하는 것은 대단히 어려운 일이다

단결은 힘이다

호메로스 [일리어스]

인간은 연약한 동물이지만 단결함으로써 큰 힘을 얻는다. 체력뿐만 아니라 정신도 목적을 향해 단결함으로써 큰 에너지가 되고 그 힘을 지속시킬 수 있다.

□□□ [고사성어 한마디]

弄璋之喜(농장지희) 아들을 낳은 즐거움.

민의 목소리는 신의 목소리

[서양속담]

국왕의 권력은 신으로부터 부여받은 것이므로 국왕의 지위는 신성한 것이라는 왕권신수설이 유행했던 시절, 유럽에서 칼 대제를 섬긴 영국의 신학자 알퀸이 했다고 전해지는 말이다. 민중의 목소리는 곧 신의 의사이다. 진리는 여론속에 있다는 것이다. 그러므로 위정자는 여론에 귀를 기울여야 한다.

지성이란 것은 방법과 수단에 대해서는 인식을 하고 있으나 목적과 가치에 대해서는 맹목이다

아인슈타인 [만년을 생각한다]

원자폭탄의 개발 등 판도라의 상자를 열어 버린 물리학자의 한사람으로서 그는 깊은 회한을 담아 이렇게 쓰고 있다. 특히 과학기술과 비지니스의 관계에 있어서는 가치와 목적에 대한 충분한 인식을 가져야 한다.

때때로 어리석은 척하지 못하는 사람은 현자가 아니다

[서양속담]

능력이 있는 매는 발톱을 숨긴다고 한다. 머리가 좋은 것을 항상 자랑하는 사람은 현명하다고는 할 수 없을 것이다. 어떤 사람이 머리가 좋아보인다고 생각하면 경계심을 품고 마음을 열지 않는 경우가 있기 때문이다.

□□□ [고사성어 한마디]

雷厲風飛(뇌려풍비) 일을 해치우는 솜씨가 벼락처럼 빠름.

어찌하여 그대는 타인의 보고만 믿고 자기 눈으로 관찰하거나 보려고 하지 않았는가

갈릴레오 갈릴레이 [천문대화]

태양은 동쪽에서 떠서 서쪽으로 진다. 단순히 보이는 것만을 믿는 사람들에게 지동설은 생각할 수 없었던 것이다. 옛부터 대중이 믿고 구전되어온 것을 학자가 그대로 말하는 것에 대한 비판이다. 타인의 보고를 중시하기 전에 자기 눈으로 관찰해야 한다. 관찰의 결과는 스스로 생각해야 하는 것이다.

덕은 사업의 근간이다

홍응명 [채근담]

"덕자사업지기(德者事業之基)" 어떠한 일이든간에 사업의 기초는 덕이다. 이익이나 명예를 위해 일을 해서는 안 된다. 어떤 사람이든 따라올 만한 올바른 덕의 길을 사업의 이념으로 삼아야 한다. 하물며 인권을 무시하면서 금전을 우선시키는 사업은 절대로 바람직하다고 할 수 없다.

사람은 신념과 함께 젊어지고 의욕과 함께 늙어간다. 사람은 자신감과 함께 젊어지고 공포와 함께 늙어간다. 희망이 있는한 젊고, 실망과 함께 늙는다

사뮤엘 울만 [청춘]

□□□ [고사성어 한마디]

陵谷之變(능곡지변) 언덕과 골짜기가 서로 바뀐다는 뜻으로, 세상의 변천이 심함의 비유.

신념을 가지고 자신감으로 충만하고 희망으로 넘치는 것이 청춘이다. 그러나 사람은 살아가는 동안에 의심이 생기고 공포에 휘말리고 실망의 늪에 빠지게 된다. 비록 나이를 먹었더라도 신념을 강하게 갖고 자신에 넘쳐 있다면, 그리고 희망에 가득 찬 이상이 곁든다면 상쾌하고 싱싱하게 살아갈 수 있다.

인간은 지위가 높아질수록 발밑이 미끄러지기 쉽다

타키투스 [연대기]

직위가 오를수록 주위에는 경쟁자도 많아지고 시기하는 자도 많아진다. 또한 적도 그만큼 늘어난다. 지위가 높아질수록 결백한 행동과 처신을 해야 한다.

아무것도 손쓸 방법이 없을 때 꼭 한가지 방법이 있다. 그것은 용기를 갖는 것이다

[유태격언]

하늘은 스스로 돕는 자를 돕는다, 호랑이 굴에 들어가도 제 정신만 차리면 살아남는다는 말이 있듯이 비록 어떤 난관에 봉착하더라도 용기를 가진 자라면 빠져나올 수 있다.

사람을 때릴 때는 얼굴을 때리지 말고 사람을 꾸짖으려면 단점을 폭로하지 말라

[속담]

□□□ [고사성어 한마디]

能事畢矣(능사필의) 해야 할 일은 모두 마쳤다는 뜻.

얼굴을 때리면 굴욕을 맛보고 단점을 폭로하면 체면을 잃는다. 사람은 체면을 중시하는 존재이므로 함부로 단점을 폭로해서는 안 된다는 훈계이다.

인간의 행동이란 사고의 최상의 통역자이다

로크 [인간 오성론]

엉뚱한 행동을 하는 사람은 생각하는 것이 엉뚱하기 때문이다. 행동이란 사고의 축적에 의한 표현이다. 생각하는 것이 천박하면 하는 일도 부주의한 결과를 낳는다. 일상의 행동을 보고 있으면 그 인간이 무엇을 생각하고 있는지 짐작할 수 있을 뿐 아니라 정확하게 판단하는 것도 가능하다.

사람을 얻는 자는 흥하고 사람을 잃는 자는 망한다

사마천 [사기(史記)]

"득인자흥 실인자붕(得人者興 失人者崩)" 인심을 얻는 자는 발전하고 인심을 잃고 인기를 잃은 자는 멸망한다는 말이다. 일손이 부족한 요즘의 시대에는 액면 그대로 사람이 모이는 회사는 번영하고 사람이 빠져나가는 회사는 망한다고 말할 수 있을 것이다.

사람을 꾸짖는 마음으로 자기를 책하고 자기를 용서하는 마음으로 사람을 용서하라

유자증(劉子證) [소학(小學)]

□□□ [고사성어 한마디]

多事多端(다사다단) 여러가지로 일이 많은 데다 까닭도 많음.

"이책인지심책기 서기지심서인(以責人之心責己 恕己之心恕人)" 사람은 자칫하면 남에게는 엄격하고 자기에게는 유순해지기 쉽다. 그러나 다른 사람을 책하는 격렬함으로 자기를 책하고 자기를 용서하는 관용으로 타인을 대하면 자신의 잘못과 결점은 적어지고 타인에 대한 분노도 적어질 것이다.

불명의 육체는 없다. 불굴의 정신이 있을 뿐이다

에베렛 [인생수양]

고대 그리스철학자 에픽테투스는 한때 노예였다. 언젠가 그는 주인이 그를 몹시 때렸을 때 "조심하십시요. 내 다리를 부러뜨리게 됩니다"라고 침착하게 말했다고 한다. 그래도 더욱 세게 때려 다리가 부러지는 소리가 났다. 그러자 그는 "그것 보세요, 제 말대로 부러졌습니다"라고 전과 다름없는 온화한 어조로 말했다는 것이다. 고통을 느끼지 않았을 리 없다. 오히려 민감하게 느꼈을 테지만 그것에 의해 정신의 평정을 잃고 싶지 않았던 것이다. 불굴이란 그러한 것이라고 에베렛은 말하고 있다.

세상에서 성공을 획득하려면 사람에게 사랑받는 덕과 함께 사람을 두렵게 하는 결점도 필요하다

죠셉 슈베르 [수상록]

□□□ [고사성어 한마디]

單刀直入(단도직입) ① 혼자서 칼을 휘두르며 거침없이 적진으로 쳐들어감. ② 말을 하거나 글을 쓸 때 처음부터 본론으로 들어감.

성공하기 위해서는 보통사람에게는 보이지 않는 시점을 가져야 한다. 사람들의 이해를 초월하는 판단과 결단이 불쾌한 느낌을 주거나 사람들을 두렵게 하는 요소는 사랑받는 덕과 함께 필요한 것이다.

정말로 입을 다물 수 있는 자만이 정말로 행동할 수 있다

키르케고르 [현대의 비판]

침묵은 대단히 의지가 강한 행동이다. 정말로 실행력 행동력이 있는 사람이라면 "남자라면 입다물고……"이다. 그 결의도 입밖에 내지 않으며 실패했을 때의 변명은 절대로 하지 않는다.

명성 뒤에는 망각이 있을 뿐이다

마르쿠스 아우렐리우스 [자성록]

명성은 영원히 계속되는 것이 아니다. 금방 잊혀진다. 지금은 열렬히 칭찬해 주는 사람도 결국은 지상에서 사라진다. 고대로마의 황제 마르쿠스 아우렐리우스는 스토아철학에 밝고 철인황제의 별명이 있었다.

지도력이란 인간의 시야를 넓히고 높은 업적을 달성케 하고 보통 수준을 초월하여 높은 수준의 인격에 달하게 하는 것이다

드러커 [현대의 경영]

□□□ [고사성어 한마디]

多言數窮(다언삭궁) 말이 많으면 자주 곤경에 빠짐.

관리자의 자질의 첫째 순위로 '고결한 품성'을 드는 드러커의 리더십론. 관리자라면 '요즘 젊은이들은……'하고 부하의 실책을 꾸짖기 전에 이 말을 음미하고 반성해볼 필요가 있다.

노동은 항상 인생을 감미롭게 한다. 그러나 모두가 감미로운 것을 좋아한다고는 말할 수 없다

후고 [시]

노동에서 흘리는 땀은 고통스럽고 피로에 지쳐 삼키는 침은 쓰고 떫다. 그러나 사람은 그 노동이 내일을 행복하게 한다고 믿기 때문에 일하는 것이다. 그러나 개중에는 그런 이상을 믿지 않고 순간의 향락에 빠지는 사람도 있다.

로마는 하루에 이루어지지 않는다

[서양속담]

7개의 언덕으로 에워싸인 고대 도시국가에서 유럽의 대부분을 지배하는 대제국으로 팽창한 로마는 하룻만에 이루어진 것이 아니다. 어떠한 사업을 하더라도 그 결과가 금방 나타나기를 고대한다면 큰 일을 할 수 없다. 오랜 기간 노력을 거듭하여 과거의 로마와 같은 번영을 얻을 수 있는 것이다.

우리가 두려워해야 할 것이 있다면 두려움 이외에는 없다

F. D. 루즈벨트 [대통령 취임연설]

□□□ [고사성어 한마디]

簞笥瓢飮(단사표음) 도시락밥과 표주박의 물이란 뜻으로, 소박한 생활의 비유.

불경기와 실업의 심각한 사회상황에서 대통령에 취임한 그는 유럽의 암운을 노려보면서 뉴딜정책을 실시하고 공공투자와 실업자 구제의 전혀 새로운 일보를 내딛었던 것이다.

우리가 이용할 수 있는 자원 중에서 끊임없이 성장과 발전을 기대할 수 있는 유일한 것은 인간의 능력뿐이다

드러커 [현대의 경영]

성장과 발전을 기대할 수 있는 인간의 능력은 끊임없이 재확인하고 재학습하고 연습하지 않으면 곧 진부해지고 잊혀지기 쉬운 것이다. 그래서 드러커는 '기업은 교육투자를 아끼지 말라'고 강력히 주장한다.

사고와 지식은 항상 보조를 함께 해야 한다. 그렇지 않으면 그것은 죽은 것으로 불모인 채 사멸한다

K. W. F. 훔볼트 [어느 여자친구에의 편지]

생각함으로써 지식에 피가 통하고 생명이 주어진다. 또한 알고자 함으로써 지식은 가지와 잎을 늘리고 증식해 나간다. 생각을 중지했을 때 지식은 낙엽과 다를 바 없다.

양심이 없는 지식은 인간의 영혼을 망치는 것이다

E. R. L. 라브레 [갈간튜아와 팡타그류엘]

□□□ [고사성어 한마디]

璞玉渾金(박옥혼금) 갈지 않은 옥과 제련하지 않은 쇳덩어리라는 뜻으로, 사람의 성품이 순박하고 꾸밈이 없음의 비유.

인간에 의한 첨단무기 개발은 이대로 나가면 영혼뿐만 아니라 육체까지도 그리고 인류와 지구까지도 파멸시킬 것이다.

사람은 누구나 자신의 기억력에 대하여 불평하지만 누구 한 사람 자기의 판단에 대하여 탄식하는 자는 없다

라 로슈푸코 [도덕적 반성]

기억력이 나쁜 것은 곤란한 문제이다. 분명히 기억하지 못하는 것도 중요한 문제이지만 지식을 살리고 그르침이 없는 판단을 하는 것은 더욱 중요한 것이다.

아무것도 아는 것이 없으면 의심하지 않는다

G. 허버트 [미국풍의 격언]

알기 때문에 새로운 의문이 생긴다. 그래서 더욱 자세히 알고자 한다. 모르는 사람은 의심도 품지 않고 다만 믿는다.

무지는 결코 악을 낳지 않는다. 위험한 죄악을 낳는 것은 다만 오류의 관념이다

J. J. 루소 [에밀]

무지하다는 것은 그 상태로는 죄악이 아닐지도 모른다. 그러나 '오류의 관념'에 지배되기 쉽고 거기서 죄악이 생긴다.

□□□ [고사성어 한마디]

丹脣皓齒(단순호치) 붉은 입술과 흰 이란 뜻으로, 매우 아름다운 여인의 비유.

제6장
자기 개발을 위한 한마디의 말

인간은 자연의 일부로 자연의 섭리에 따르지만 사유하는 자연이고 스스로를 변혁해 나가는 존재이기도 합니다.

자신의 능력을 키우고 인간에게 잠재한 가능성을 살리는 인간은 성장합니다. 사유하는 힘을 부여받은 인간은 무한한 상상력으로 새로운 세계를 꿈꾸어 왔고, 그 세계를 실현하고자 모험과 노력을 거듭하여 오늘의 인류 발전을 이루어 냈습니다.

항상 자신을 채찍질하고 무엇인가를 이루고자 노력하고 도전하는 사람에게는 성장의 길이 열립니다. 미래는 저절로 주어지는 것이 아니고 스스로 창조하고 개혁해 나가야 하는 것입니다.

내가 현재 서 있는 위치에서 어제를 돌이켜 보십시오. 만족스러운 것보다는 부족하고 아쉽다고 생각되는 것이 많이 있을 것입니다. 부족함과 아쉬움은 자각과 함께 보다 나은 내일을 위한 자기개발과 이어질 수 있습니다. 너무 큰 것이 아닌, 너무 많은 것이 아닌 작은 진보가 큰 발전으로 나가는 길입니다. 날마다 조금씩 자신의 향상을 위해 노력해 보십시오.

급할수록 돌아가라

[속담]

마음이 조급해지면 다소의 위험이 있더라도 지름길을 가고 싶은 것이 사람의 마음이지만 돌아가더라도 안전한 길을 가는 것이 결국은 빨리 도착한다. 어떤 계획이 진척되지 않고 시간에 쫓기게 되면 안이한 방향을 선택하기 쉬운데 노력과 시간이 들더라도 안전한 방법을 선택하는 것이 결국은 이득이 된다는 뜻이다.

찬사에 밑천은 들지 않는다. 그러나 대다수의 사람들은 찬사에 큰 돈을 지불한다

토마스 플러 [구노모로지아]

찬사는 언제나 보답을 기대하고 있는 것이다. 칭찬을 계속 듣기 위해 얼마나 많은 사람들이 댓가를 지불하고 있는가?

오늘 생각하고 내일 말하라

[서양속담]

경솔하게 말하지 말라는 훈계. 말은 한번 내뱉으면 주워 담을 수 없다. 충분히 생각해서 말하고 나중에 후회하는 일이 없어야 한다.

□□□ [고사성어 한마디]

端嚴沈重(단엄침중) 단엄하고 침착하여 무게가 있음.

감각은 현상의 문제를 해결할 뿐이고 이론은 본질의 문제를 해결한다

모택동 [실천론]

필링을 중요하게 여기고 새로운 상품을 개발하는 것도 필요하지만 무엇이 요구되고 있는지 또한 요구되는 것이 팔릴 수 있는지 시장조사를 한 다음의 이론이 아니면 팔리는 상품은 나오지 않는다.

일에 대한 생각을 정리한다거나 숙고한다고 말하는 것은 대체로 일을 피하는 구실이다

힐티 [시간을 얻는 방법]

헤이그 국제중재재판소 판사로 일한 법학자다운 분석이다. 일은 '한다' '하지 않는다'의 두 종류밖에 없고 숙고하는 것으로 진척되는 것은 없다.

실패는 성공의 첫걸음이다. 실패한 것을 기뻐하라

머피 [머피명언집]

유명한 에디슨은 전구를 발명하는데 1만번의 실패를 거듭했다고 한다. '실패는 성공의 어머니'라는 말은 결코 위안이 아니다. 실패를 성공에의 첫걸음으로 돌릴 수 있는 적극적이고 과감한 자세가 중요하다.

□□□ [고사성어 한마디]

談笑自若(담소자약) 정신적 충격을 받아도 평소와 같이 태연함.

실패 중에서 가장 큰 실패는 실패를 전혀 자각하지 못하는 것이다

칼라일 [영웅숭배론]

실패를 밑거름으로 삼아 비약한 사람이 많듯이 실패를 자각함으로써 실패를 실패로 끝나게 하지 않을 수 있다. 매뉴얼대로 배운대로 실행하면 된다고 하는 무기력이 실패했다는 자각조차 갖지 못하게 하는 요인이 된다.

자기 재능을 돋보이게 하지 않는 것이 진짜 재능이다

라 로슈푸코 [잠언]

눈에 띄는 것은 좋은 것이라는 요즘의 풍조에서도 정말로 실력이 있는 사람은 꾸준히 하나씩 하나씩 실적을 쌓아올린다. 그 일상성이 바로 큰 평가와 이어지는 것이다.

精神一到 何事不成(정신일도 하사불성)

여청덕(黎청德) [주자어류(朱子語類)]

정신을 집중하여 열심히 하면 이루지 못할 것이 없다. 무슨 일이나 집중해서 하면 지금까지 불가능하다고 생각했던 것도 반드시 어떤 방법이 떠오르게 되고 그 열중하는 모습은 주위 사람들을 바꾸고 협력도 자연히 얻어지게 된다.

□□□ [고사성어 한마디]

當局者迷(당국자미) 실제 그 일을 맡아보는 사람이 오히려 실정에 어둡다는 말.

습관은 제2의 천성

[서양속담]

일상의 생활습관은 반복하고 있는 동안에 이윽고 타고난 성질과 다름없이 되어 버린다. 자기 성격을 바꾸고 싶다면 지금도 늦지 않다. 쉬운 것부터 자기 변혁을 시작하라. 일에 있어서도 계획성이 없다고 지적받았다면 아침마다 그 일의 행동계획을 만드는데서 시작하라. 그리고 행동계획에 기초하여 일을 추진하고 그것을 점검하는 일을 게을리하지 말라.

나태는 자기의 실패뿐 아니라 타인의 성공에 의해서도 벌을 받는다

르나르 [일기]

노력가는 기술을 연마하고 재능을 발휘하여 큰 성공을 거둔다. 자기에게 재능과 기술이 있더라도 게으름을 피우면 그것은 이윽고 녹이 슬고 노화되어 제구실을 못한다. 실패함으로써 타격을 입는 것은 당연하지만 타인이 성공하면 질투심도 끓어오른다. 질투를 하면 또한 타인의 비웃음을 산다. 나태의 벌금은 이렇게 순환되어 그 죄를 벌하는 것이다.

타인의 가치를 인정하라. 그리하면 당신도 인정받을 수 있다

머피 [머피명언집]

□□□ [고사성어 한마디]

當來之職(당래지직) 신분에 알맞는 직위나 직분, 또는 마땅히 차례에 올 직위나 직분.

자기의 진정한 가치를 인정해 주기를 바라는 소망은 누구에게나 있다. 그것을 위해서는 먼저 상대의 가치를 인정하는 것이 출발점이라고 머피는 말한다. 단순히 사업상의 교제만이 아니고 타인과 능숙하게 사귀는 비결은 이 말에 집약되어 있다고 해도 좋을 것이다.

단호하게 감행하면 귀신도 이를 피한다

사마천 [史記]

"단이감행 귀신피지(斷而敢行 鬼神避之)" 결의를 단단히 하고 실행에 옮기면 귀신이라 해도 방해는 하지 않는다. 일을 실행함에 있어서 주저는 금물이다. 결정한 일을 밀고 나가지 않으면 반드시 신중론이 대두된다. 반대 의견이 많았던 사항일수록 과감하게 대처할 필요가 있다.

지식노동자는 그들이 그들 자신에게 부과한 요구의 정도에 따라 성장하는 것이다

드러커 [경영자의 조건]

갈수록 고학력자가 많아지는 것이 오늘의 현실이다. 그러나 학력이 높아졌다고 반드시 진보와 발전이 뒤따르지는 않는다. 문제는 고학력자가 그들 자신에게 부과하는 새로운 책임과 창조하려는 태도이다.

□□□ [고사성어 한마디]

大器晩成(대기만성) 큰 솥이나 큰 종 같은 것을 주조하는데는 시간이 오래 걸리듯이, 사람도 크게 될 사람은 늦게 이루어진다는 말.

통렬한 농담이 너무나 진실에 가까우면 배후에 날카로운 가시를 남긴다

타키투스 [연대기]

비록 농담이라고 해도 그 사람에 대한 배려를 결여하면 어처구니 없는 상처를 입히는 일이 있다. 특히 개인적인 사항을 화제로 삼을 때는 주의를 요한다.

일하는 기쁨은 스스로 생각하고 실제로 경험하는 것에서 생성된다

힐티 [행복론]

노동의 기쁨은 자기 자신이 만들어내는 것이다. 그것은 교훈에서도 실제적 예에서도 생성되는 것이 아니기 때문이다.

百聞而 不如一見(백문이 불여일견)

반고(班固) [한서(漢書)]

백번 듣는 것보다 한번 제눈으로 보고 확인하는 편이 바르게 알 수 있다. 세상사 모든 일을 내 눈으로 다 확인할 수는 없겠지만 최소한 자기에게 필요한 것만큼은 스스로 직접 보고 판단을 내려야 한다. 남의 말을 전해 듣거나 책을 통해 본 것을 그대로 판단재료로 삼으면 그만큼 일을 그르치기 쉽다.

□□□ [고사성어 한마디]

大器小用(대기소용) 큰 그릇을 작게 쓴다는 뜻으로, 큰 인물을 말직에 앉힘의 비유.

남에게 기만당하는 것은 결코 아니다. 스스로 자기를 기만하는 것이다

괴테 [산문격언]

우리는 사회생활을 영위하면서 상대방에게 속았다거나 배반당했다고 하면서 변명거리를 늘어놓곤 한다. 그러나 그 원인으로 그 시점에서 자기 자신이 적당한 선에서 안이하게 타협하거나 상대를 기만하려고 하지는 않았는가? 또한 자기 자신이 무의식중에 그렇게 여기고 싶다, 그렇게 하고 싶다고 생각한 것은 아닐까? 자기 절제가 엄격했던 괴테는 그 원인을 자기 자신에게서 찾으라고 가르치는 것이다.

길을 헤매는 자 길을 묻지 않고 물에 빠진 자는 얕은 여울을 묻지 않는다

순황(荀況) [순자(荀子)]

"미자불문로 익자불문수(迷者不問路 溺者不問遂)" 본인이 직면하고 있는 상황에 골몰하여 냉정을 잃으면 미처 다른 사람의 의견이나 충고를 물을 겨를이 없고 결국은 혼자 씨름하다가 실패로 끝난다는 뜻.

목적을 위해서는 수단을 고르지 않는다

[서양속담]

□□□ [고사성어 한마디]

大同團結(대동단결) 나뉘었던 단체나 당파가 같은 목적을 이루기 위하여, 대립하는 소이(小異)를 버리고 뭉치어 한 덩어리가 됨.

16세기 이탈리아 정치가 마키아벨리 사상 마키아벨리즘(권모술수주의)을 단적으로 표현한 말로서 인용된다. 비록 그 행위가 비난받을 만한 것이더라도 초래되는 결과만 좋다면 그것으로 좋다"고 <정략론>에 나와 있다.

용기와 힘이 있더라도 신중성이 결여되었다면 그것은 없는 거나 마찬가지임을 잊지 말라

윔파 [알프스 등반기]

윔파는 마타호른에 최초로 오른 영국의 등산가이다. 등산과 마찬가지로 세상사 모든 일도 신중성이 결여되면 그때까지 쌓아올린 것은 허사가 되어 버린다.

잘 싸우는 자는 화를 내지 않는다

[노자]

"선전자불노(善戰者不怒)" 전쟁에서 훌륭한 승리를 거두는 사람은 분노에 휘말려 무모한 행동을 하지 않는다. 언제나 침착하고 냉정하게 대처할 것. 이것은 전장에서나 직업전선에서 또는 교제의 장에서 요구되는 중요한 자기수양이다.

세상에 비천한 직업은 없다. 다만 비천한 인간이 있을 뿐이다.

[링컨어록]

□□□ [고사성어 한마디]

大同小異(대동소이) 큰 차이가 없이 거의 같고, 조금 다름. 어금지금함.

각하가 그런 것을 해서는 안 됩니다──백악관 복도에서 구두를 닦고 있던 링컨에게 비서관이 이렇게 말했을 때 링컨이 한 말. 자기가 하는 일에 반드시 자부심이 있어야 한다. 직업에 귀천은 없는 것이다.

현명하지 못한 사람은 자기가 이해할 수 없는 일에 대해서는 무엇이든 헐뜯는다

라 로슈푸코 [잠언]

마음이 좁은 자는 상대에게 무시당하지 않으려고 허세를 부리고 이해하지도 못하는 것에 대하여 잘 알고 있는 듯이 가장하고 헐뜯음으로써 자기 보존을 꾀하려고 한다. 이래서는 발전할 수 없다. 자기가 이해할 수 없는 것은 솔직하게 말하고 상대에게 설명을 요구하고 이해하도록 노력해야 한다.

아무리 늦더라도 하지 않는 것보다는 하는 편이 낫다

[서양속담]

일을 하는데는 적절한 시기가 있음이 분명하다. 가장 적절한 시기에 일을 시작하고 끝낸다면 그보다 좋을 것은 없지만 그 시기를 놓쳤다고 해서 단념해서는 안 된다. 단념하기보다는 늦더라도 일을 성사시키는 것이 신용을 얻게 된다.

재주가 서투른 직공일수록 도구에 트집을 잡는다

[서양속담]

□□□ [고사성어 한마디]──────────

大書特筆(대서특필) 특히 드러나게 큰 글자로 씀.

일을 잘 못하는 사람일수록 일이 잘 안 되는 것을 남의 탓이나 도구 탓으로 돌리고 책임전가를 한다. 직장에서도 무능한 간부일수록 일이 잘 안 되면 부하들의 탓으로 돌린다. 이래서는 아무리 시간이 흘러도 만족스럽게 일을 해낼 수 없다. 책임전가는 삼가해야 한다는 훈계이다.

거짓말을 해서는 안 된다. 그러나 진실 중에도 입에 담아서는 안 되는 것이 있다

[유태격언]

일상생활에서는 물론이고 사업상 또는 정치적으로도 거짓말을 해서는 안 된다. 요즘처럼 공약(公約)이 공약(空約)이 되는 세상에서는 거짓과 진실을 구분할 수 없는 것이 사실이다. 그러나 거짓말을 해서는 안 된다는 것이 진실을 모두 말해야 한다는 뜻은 아니다. 함부로 말해서는 안 될 진실도 있는 것이다.

겁이 많은 개일수록 큰 소리로 짖는다

웹스터 [백마(白魔)]

겁이 많은 개는 공포감에서 짖는 것이다. 인간도 겁이 많은 사람일수록 큰 소리로 악을 쓰거나 교활한 행동을 취하기도 한다. 이러한 행동을 하면 신뢰감을 잃게 되니 요주의할 것.

□□□ [고사성어 한마디]———

大味必淡(대미필담) 정말 좋은 맛이란 반드시 담백한 것이라는 뜻.

지는 방법에 따라 무거운 짐도 가벼워진다

필딩 [톰 존스]

일이든 공부이든 세상을 살아가다 보면 자기가 싫은 일도 해야 할 때가 있다. 항상 입에 맞는 떡만 있는 것은 아니다. 싫은 것을 싫다고 생각하면 더욱 마음이 무겁고 의욕이 떨어진다. 무슨 일이든 생각하기 나름이다. 싫은 것이라도 자기에게 유익하다고 생각하면 고통스럽지 않다. 시점을 바꾸는데 따라 같은 일이라도 고역이 되거나 편해지기도 한다.

나 자신을 믿는 자는 군중을 지도하고 지배한다

호라티우스 [서한집]

굳은 신념과 확신은 면밀한 데이터와 상황 아래서 구축된다. 그러한 자신감은 사람들에게 신뢰감을 주고 그들을 설득할 수 있는 힘이 되기도 한다.

현명한 사람은 타인의 실수에서 배우고 어리석은 자는 자기의 실수에서 배운다

[서양속담]

현명한 사람은 타인이 저지른 실수를 보고 자기는 실수를 하지 않으려고 조심하지만 어리석은 사람은 실수를 저지르고 나서야 겨우 자기가 한 과오를 깨닫는다는 말이다.

□□□ [고사성어 한마디]

大言壯語(대언장어) 제 주제에 당치 않은 말을 희떱게 지껄임. 또 그러한 말.

자유는 책임을 의미한다. 그러므로 대개의 사람들은 자유라는 것을 두려워한다

버나드 쇼 [혁명주의자를 위한 격언]

자유는 책임을 수반하는 것이다. 사람이 두려워하는 것은 그 책임의 무게이다.

모든 소문은 위험하다. 좋은 소문은 질투를 낳고 나쁜 소문은 치욕을 가져온다

토마스 플러 [구노모로지아]

근거없는 소문은 아예 들은 척도 하지 말아야 한다. 아무리 좋은 소문이라 해도 그것을 들은 사람은 시기심을 품게 되고 나쁜 소문을 전해준 사람이라면 그의 인간성까지도 의심받는다.

세상의 모든 일에는 왜, 어째서라는 원인과 이유가 있다

셰익스피어 [헨리5세]

일의 성공과 실패에는 모두 원인과 이유가 있다. 성공과 실패의 원인과 이유를 분석하고 그것을 다음의 성공과 실패를 대비한 거울로 삼아야 한다.

□□□ [고사성어 한마디]

對牛彈琴(대우탄금) 소에게 거문고를 들려준다는 뜻으로, 어리석은 사람에게 도리를 가르쳐도 소용없음의 비유.

타인에게 비밀을 지키게 하려면 먼저 자기 자신이 지켜야 한다

세네카 [히포류토스]

흔히 친구나 동료들 사이에 "이건 자네에게만 밝히는 비밀 이야기인데……" 하고 말하는 것은 비밀이 될 수 없다. 비밀로 해두고 싶다면 타인에게 이야기해서는 안 된다. 이야기하면 반드시 그것은 새어나가고 그 말에 군더더기가 붙어서 퍼져 나가기 마련이다.

누군가가 거짓말을 하고 있다고 느낀다면 믿는 시늉을 해야 한다

쇼펜하워 [행복을 위한 경구]

거짓말쟁이를 골탕먹이려면 거짓말을 믿는 척하면 된다. 거짓말장이는 거짓말을 더욱 그럴싸하게 꾸미고자 또다시 거짓말을 하고 그것은 반드시 어딘가에서 탄로가 나기 마련이다.

기회는 언제나 당신 눈앞에 있다

머피 [머피 명언집]

"기회를 만나지 못하는 사람은 하나도 없다. 다만 그것을 붙잡지 못했을 뿐이다"라고 말한 것은 카네기이다. 미래에 대한 명확한 비전을 품고 그 실현을 확신하면서 밀고 나갈 때 사람은 자연히 기회를 잡을 수 있는 것이다.

□□□ [고사성어 한마디]———

德無常師(덕무상사) 덕을 닦는 데는 정해진 스승이 따로 없음.

지성이야말로 인생 최대의 도구이다

에베렛 [인생수양]

최근에는 학계만이 아니고 비지니스계에서도 해마다 학습 풍토가 좋아지고 있다. 그만큼 국내외적으로 치열한 경쟁에서 살아 남기가 힘든 것이 요즘의 세태이다. 자기를 최대한으로 살리기 위해서는 외국어나 컴퓨터 지식은 물론이고 정보사회를 살아가는데 필요한 다양한 지식을 익히고 견문을 넓혀야 하며 지성을 갈고닦을 필요가 있음은 두말할 나위도 없다.

침묵은 어리석은 자의 지혜이다

라 브뤼에르 [사람은 가지가지]

지식이 풍부한 사람의 이야기 내용을 이해하지 못할 때 덥썩 끼어들어 대화에 가담하고 보면 자기의 어리석음을 폭로하고 만다. 그러나 잠자코 있으면 자기의 어리석음이 드러나는 일은 없다. 침묵은 어리석은 자에게는 절호의 방패막이다.

귀는 커야 하고 입은 작아야 한다

[속담]

어떠한 정보이든 귀담아 듣고 선별하여 자신의 삶에 참고로 삼아야 한다. 그러나 타인에게 말할 때는 무슨 말이든 조심성을 가지고 전해야 한다. '입이 화근'이라는 말도 있지 않은가?

□□□ [고사성어 한마디]

大願成就(대원성취) 큰 소원을 이룸.

미덕을 몸에 익히지 못했다면 하다못해 그 시늉이라도 하라

셰익스피어 [햄릿]

맡은 바 일은 그럭저럭 해내더라도 인간으로서의 미덕을 갖추고 있지 못하면 타인의 호감을 사거나 존경받지 못한다. 그러나 미덕이란 쉽게 갖추어지는 것이 아니다. 비록 미덕을 갖추고 있지 못하더라도 그 시늉이라도 하다보면 미덕가가 될런지도 모른다.

사람들에게 좋은 평을 듣고 싶다면 자신의 우수한 점을 내세워 말하지 말라

파스칼 [팡세]

현대는 자기PR의 시대라고 한다. 그러나 자기의 장점을 알고 있는 것은 좋지만 그 장점을 자기 입으로 말해서는 안 된다. 타인이 자신을 알아보고 평가해 주어야 진정한 의미가 있다. 스스로 잘난 체하면 자만심이 강하다느니 혼자 잘난 척 나선다느니 하는 말을 듣게 되고 장점을 장점으로 평가받지 못하게 된다. 결국 동료로부터도 따돌림을 받고 외로이 혼자만 남게 된다.

현자는 자기의 적에게서 많은 것을 배운다

아리스토텔레스 [새]

□□□ [고사성어 한마디]

跳踉放恣(도랑방자) 너무 똑똑하게 굴어 아무 거리낌이 없는 모양.

영웅은 영웅을 안다는 말이 있듯이 적대하는 측에게서 배우는 것은 많다. 또한 거기에서 배울 수 있는 것이 현자이다. 자기의 적은 자기를 비추는 거울이기도 하다.

평판은 최선의 소개장이다

[유태격언]

사회생활에 있어서 가장 중요한 것을 들라고 한다면 신뢰와 믿음, 그리고 평판이다. 신뢰와 믿음이 있음으로써 공동체 사회는 유지될 수 있다. 그 사회에서 상대방을 평가하는 방법이라면 그의 과거의 평판에 의존할 수밖에 없다. 좋은 평판이 있다면 높은 평가를 받을 것이고 나쁜 평판이라면 낮은 평가를 받게 될 것이다.

서투른 변명이라도 없는 것보다는 낫다

[서양속담]

세상을 살아가면서 우리는 때때로 주위 사람들에게 폐를 끼치게 된다. 일단 타인에게 피해를 주었을 때에는 사과를 하고 왜 그렇게 되었는지 이유를 설명한다. 잠자코 있는 것보다는 다소 변명투로 들리더라도 상대에게 사정을 이해시키면 이후의 관계가 서먹서먹해지지 않는다.

□□□ [고사성어 한마디]

桃三李四(도삼이사) 복숭아나무는 3년, 오얏나무는 4년을 길러야 수확할 수 있다는 말로, 무슨 일이든 이루어지는 데는 그에 상응한 시간이 필요함의 비유.

재정적인 사항에서 부정적인 말을 입에 담지 말라. 그때부터 부는 당신에게서 멀어져 간다

머피 [머피 명언집]

인간의 마음은 그대로 놓아두면 십중팔구 부정적인 방향으로 기운다고 한다. 그러므로 다른 사항도 물론 그러하지만 금전적인 문제에서는 항상 적극적이고 진취적인 자세가 되라고 가르친다.

최대의 부는 약간의 부에 만족하는 것이다

[서양속담]

작은 이익으로 만족할 수 있다면 인간에게 이것보다 더한 행복은 없다는 가르침. 큰 이익만을 노리고 욕심만 부리고 있으면 결국은 무일푼이 되어 버린다. 약간의 이익이라도 욕심을 부리다가 무일푼이 되는 것에 비하면 백번 나은 결과이다.

힘이 있어도 지성이 없으면 없는 것이나 같다

[나폴레옹 언행록]

지성으로 뒷받침되지 않은 힘을 만행이라고 한다. 만행을 부려본들 지성으로 통속된 힘 앞에서는 무력하다. 그러므로 싸움에는 전략전술을 빼놓을 수 없는 것이다.

□□□ [고사성어 한마디]

賭上加賭(도상가도) 일이 거듭되면 될수록 어려움이나 부담이 보다 가중됨을 이르는 말.

실패를 극도로 두려워하는 것은 실패하는 것보다도 나쁘다

[유태격언]

실패를 두려워하면 결국 아무것도 할 수 없다. 무엇인가를 해서 실패하는 편이 차라리 낫다. 이것저것 경험을 쌓음으로써 그 안에서 교훈을 배울 수 있기 때문이다. 지는 것이 두려워 승부를 회피한다면 결과적으로 진 것이나 다름없다.

신속하게 결단을 내리고 행동할 수 있도록 항상 자기 훈련에 힘쓰라

에베렛 [인생수양]

곤란에 직면하면 누구나 기가 꺾이거나 망설이게 된다. 이런 때일수록 즉시 도전하는 용기를 가진 남자가 되어야 한다. 남자다움이나 극기심을 자각하는 것은 인생의 최상의 기쁨이기도 하다.

진정한 용기는 사람이 보고 있지 않을 때에 나타난다

라 로슈푸코 [잠언]

용기라고 보이는 많은 행동은 허영심에서 나오고 있다. 아무도 보고 있지 않을 때는 할 마음이 들지 않는다면 그것은 진정한 용기라고 할 수 없다. 진정한 용기는 사람이 보지 않는 곳에서 발휘되는 것이다.

□□□ [고사성어 한마디]

道心堅固(도심견고) (불교) ①불도에 귀의하는 마음이 굳음. ②불도에 대한 신심이 강한 모양.

인간이란 승부의 기질을 가진 동물이다. 그러므로 인간은 어떠한 게임에서도 항상 우세를 지키도록 노력해야 한다.

럼 [에리아수필집]

카드게임은 놀이가 아니며 인간은 본질적으로 승부기질을 가진 동물이므로 스스로 진지하게 게임에 몰두했다는, 바틀부인을 테마로 한 수필의 한 귀절. 여성에게는 진기한 전투적인 인생관이다.

인간은 누구나 자기가 하는 일에 대하여 항상 자부심을 가지고 있다. 그렇기 때문에 스스로 기만당하기 쉬운 것이다.

마키아벨리 [군주론]

사람은 자만심을 가지고 있는 동물이므로 추어주거나 하면 금방 상대방의 전술에 속아넘어가기 쉽다. 또한 지나친 자부심으로 상대방의 실력을 평가하면 스스로 무덤을 파게 된다.

자기를 이기는 자는 강하다

[노자]

"자승자강(自勝自强)" 자기를 통제관리할 수 있는 자는 정말로 강한 자라고 말할 수 있다. '하늘은 스스로 돕는 자를 돕는다'와도 공통되는 의미가 있다. 함축성이 깊은 말이다.

□□□ [고사성어 한마디]

塗炭之苦(도탄지고) 수렁이나 숯불속에 빠진 것과 같은 괴로움이란 뜻으로, 몹시 고통스러운 처지를 일컫는 말.

背水陣(배수진)

사마천 [사기]

중국 전한(前漢)의 한신(韓信)의 병법에서 나온 말이다. 옛부터 싸움의 진지는 산을 등지고 하는 것이 정석이었으나 일부러 아군의 진지를 강을 등지게 하여 구축하고 아군의 퇴로를 차단하는 전략이므로 어떤 의미에서는 가혹한 포진이다. 아군에게 필사의 정신을 심어주는 동시에 적을 방심케 하는 목적도 있다. '사활을 걸고 싸운다'는 말과 일맥 상통한다.

눈에는 눈, 이에는 이

[구약성서 레위기]

신을 저주하는 자는 그 죄값을 치루어야 한다. 사람을 죽인 자는 죽음을 당하고 골절에는 골절, 눈에는 눈, 이에는 이로, 자기가 한 것과 똑같은 댓가로 보상한다는 것. 자기가 지은 죄에 대하여 같은 벌이 주어진다는 예인데, 집요하고 철저한 복수를 한다는 의미로 쓰여진다.

일은 무료와 악행과 가난을 멀리 한다

A. 모르와 [생활의 기술]

일에 열중하고 있으면 무료감을 느끼거나 악행을 꾸밀 여가가 없다. 그리고 결과적으로 노동의 보수가 들어온다.

□□□ [고사성어 한마디]

不協和音(불협화음) 어울리지 아니함의 한자이름.

노동은 가장 좋은 것이기도 하고 가장 나쁜 것이기도 하다. 자유로운 노동이라면 최선의 것이고 노예적인 노동이라면 최악의 것이다

알랭 [행복론]

똑같은 일을 하더라도 스스로 자신의 생을 위한 노동을 할 때 의욕과 동기가 주어지지만 시켜서 하는 노동, 남을 위해 하는 노동일 때 그 노동은 고욕이 되고 의욕이 떨어지는 동시에 생산성 역시 떨어진다.

의심할 것도 없이 우리의 중대사는 멀리 있는 불명료한 것을 아는 것이 아니라 가까이에 있는 확실한 것은 행하는데 있다

T. 칼라일 [수필집]

일은 구체적으로 대상에 작용을 가하여 구체적으로 어떤 결과를 낳는 것이다.

태양이 비추고 있는 동안에 건초를 만들라

M. 세르반테스 [돈키호테]

해가 지면 이미 시기를 놓친다. 베짱이와 개미의 일화에도 있듯이 때가 왔을 때 부지런히 일을 하라. 기회란 언제나 찾아오는 것이 아니다.

□□□ [고사성어 한마디]

不俱戴天(불구대천) 하늘을 같이 이지 못한다는 뜻으로 이 세상에서는 같이 살 수 없을 만한 큰 원한을 비유하여 일컫는 말.

실패 중 가장 큰 것은 그것을 통하여 아무것도 자각하지 못하는 것이다

칼라일 [영웅과 영웅숭배]

사람은 과거의 역사를 통해 새로운 미래를 만들고 실패를 통하여 성공의 길을 찾는다. 실패하더라도 태연스럽고 거기서 아무것도 배우려고 하지 않는 것은 분명 최악의 실패이다.

세계의 생기 넘치는 유효한 일은 35~40세 사이에 이루어진다

W. 오스라 [강연]

대개 그 연령에서 활기차게 외계에 관심을 갖고 정력적으로 그것에 몰두하여 새로운 것을 만들어 낸다. 더 많은 경험과 숙달은 또다른 의미에서의 좋은 일을 낳는 것도 사실이다.

행운은 용자의 편이다

베르길리우스 [전원시]

적극성이 있고 용기가 있는 자만이 찾아오는 행운을 손에 넣을 수 있다.

만일 호기가 도래하지 않았다면 스스로 호기를 만들어내라

S. 스마일즈 [자조론]

□□□ [고사성어 한마디]

朋友有信(붕우유신) 오륜(五倫)의 하나. 붕우의 도리는 믿음에 있음.

기회가 오지 않는다고 한탄만 하고 있어서는 성공을 기대할 수 없다. 적극적으로 일에 몰두하다 보면 자연히 호기가 찾아온다.

운명은 우리의 행위의 절반을 지배하고 다른 절반을 우리들 자신에게 양보한다

N. 마키아 벨리 [군주론]

우리에게 주어진 절반이라도 최대한으로 살리라. 그렇게 하면 나머지 절반도 파고들 수 있다.

풍파는 항상 우수한 항해자의 편에 선다

E. 기본 [로마제국 쇠망사]

배를 능숙하게 조종하면 역풍도 순풍으로 바꿀 수 있다. 일단 행동을 일으키라. 행동하지 않고 도구만 나쁘다고 불평해서는 아무것도 이룰 수 없다.

한사람이 천명을 이길 수도 있다. 그러나 자기를 이기는 자가 가장 위대한 승리자이다.

J. P. 네루 [인도의 발견]

□□□ [고사성어 한마디]────────────

悲歌慷慨(비가강개) 비장한 노래를 부르면서 분개하여 의기가 더욱 고조됨을 이름.

편해지려고 하는 마음, 게으름을 피우려고 하는 마음, 곤란에 맞서 극복해내려고 하는 마음, 그러한 자기와의 싸움에서 이길 수 있는 의지를 가진 사람이 진정한 승리자가 된다.

최고에 도달코자 한다면 최저에서 시작하라

P. 실스 [잠언]

천리길도 한걸음부터라는 우리 속담처럼 매사는 첫걸음부터 시작되는 것이다. 허황된 목표를 갖는 것이 아니라 착실하게 기초를 다져야 한다. 인생도 사업도 계획도 기초부터 다지면 실패가 없다.

만사는 끈기있게 기다리는 자에게 찾아온다

H. W. 롱펠로 [노방의 숙소]

우연을 기다리는 것이 아니라 끈기있게 기다릴 것. 즉 강한 의지와 의욕을 가지고 초조해 하지 말고 기다리면 반드시 길이 열린다.

알고 있다고 생각하는 사람이 영리한 것이 아니라 자기가 모르는 것을 자각한 사람이 현명한 것이다

M. 크라우디우스 [아시아의 강의]

□□□ [고사성어 한마디]

髀肉之嘆(비육지탄) 재능을 발휘할 기회를 갖지 못하고 헛되이 세월만 보냄을 탄식함.

알고 있다고 생각하고 일을 시작하면 위험하다. 세상사는 알고 있는 것보다 모르는 것이 더 많기 때문이다. 자신도 모르는 사실이 있다고 자각하고 있다면 매사에 신중하고 적절히 대응할 수 있다.

얼음 위를 미끌어지려면 속도를 내는 것이 안전하다

R. W. 에머슨 [수필집]

위험할 때는 두려워하며 망설이는 것이 아니라 단숨에 하는 편이 오히려 안전하다. 위험하다고 생각하는 동안에 스스로 위험을 불러들인다.

현자는 그들의 적으로부터 많은 것을 배운다

아리스토파네스 [새]

적이 생각하는 바, 적의 우수한 점을 배우고 그것을 내것으로 소화함으로써 적보다 더욱 뛰어난 전략을 세울 수 있다.

나 자신을 신뢰할 수 있는 자는 군중을 지배하고 지도한다

호라티우스 [풍자시]

자신이 있기 때문에 남들보다 위에 설 수 있다.

□□□ [고사성어 한마디]

飛耳長木(비이장목) '먼곳에서 일어난 일을 빨리 듣고 보는 귀와 눈'이란 뜻. 곧 ①사물을 관찰함에 있어 예민함의 비유. ② 널리 정보를 수집함의 비유. ③ 정보를 모은 책.

어리석은 자의 가장 확실한 증거는 자기 주장을 고수하고 흥분하는 것이다

M. E. 몽테뉴 [수상록]

어리석은 사람은 타인의 말은 듣지 않고 자기가 하는 말만 주장하고 또한 금방 흥분하기 때문에 곤란하다.

신이 인간에게 하나의 혀와 두개의 귀를 준 것은 말하는 것보다 두 배로 많이 듣기 위해서이다

에픽테투스 [어록]

나 한사람이 아는 것은 한정되어 있다. 여러 사람의 의견에 귀를 기울이는 것은 나의 의견을 주장하는 것보다 더 중요하다.

어리석은 자와 현자는 함께 해가 없다. 절반의 어리석음과 절반의 현명함만이 매우 위험하다

J. W. 괴테 [친화력]

선무당이 사람 잡는다. 확실히 알거나 전혀 모르면 괜찮다. 어중간한 지식으로 섣불리 나서면 일을 그르치기 쉽다.

□□□ [고사성어 한마디]

貧者一燈(빈자일등) 부자의 만등보다 가난한 사람의 정성어린 한등이 낫다는 뜻으로, 물질의 많고 적음보다 정성이 소중함의 비유.

고생이 곧 인생의 진정한 모습이다. 우리의 마지막 기쁨과 위안은 고생한 과거의 추억에 다름 아니다

L. C. A. 뮈세 [세기아(世紀兒)의 고백]

세상에 태어난 것이 다행이라고 생각하는 기쁨과 위안은 즐거움의 추억이 아니라 고생한 것, 그 고생을 극복해 낸 것의 추억에 있다.

진정한 노고는 사람의 눈에 띄지 않는 노고이다. 사람 눈에 띄는 노고는 허영심만 있으면 편하게 할 수 있다

F. 라 로슈푸코 [도덕적 반성]

일을 맡더라도 아무도 인정해 주지 않는 수수한 노고가 진짜 노고이다. 허영심으로 할 수 있는 화려한 노고는 노고가 아니다.

요구받기 전에 충고하지 말라

D. 에라스무스 [아다지아]

참견과 충고는 종이 한장의 차이이다. 요구받기 전에 하는 충고는 참견으로 들리는 역효과가 나온다.

□□□ [고사성어 한마디]

徙家忘妻(사가망처) 이사할 때에 깜박 잊고 아내를 두고 간다는 뜻으로, 사물을 잘 잊어버리는 사람의 비유. 건망증이 심함.

상호신뢰와 상호부조에 의해 위대한 행위는 이루어지고 위대한 발견도 이루어진다

호메로스 [일리어스]

혼자서 위대한 일을 성취할 수는 없다. 개인의 능력은 한정되어 있는 법. 작은 일이나 큰 일이나 서로의 신뢰와 원조가 있어야만 성취될 수 있고 거기서 위대한 행위나 발견, 발명도 이루어진다.

충고는 남이 모르게, 칭찬은 공공연히.

실스 [잠언]

맞대놓고 그것도 많은 사람이 있는 앞에서 충고를 한다면 충고받는 사람의 면목이 서지 않는다. 아무리 좋은 충고라도 반감이 앞선다. 칭찬이라면 백번 환영할 일이다.

□□□ [고사성어 한마디]

紗帽纓子(사모영자) '사모에 갓끈'이란 뜻으로, 사물이 격에 맞지 않거나 서로 어울리지 않음의 비유.

제7장
보다 행복한 삶에 관한 한마디의 말

사람들은 흔히 나보다 나아 보이는, 부유해 보이는, 권력이 있어 보이는, 명예가 있어 보이는 사람을 보고 자신과 비교하면서 나는 저 사람보다 불행하다고 생각합니다.

그러나 행과 불행은 스스로 현실을 보고 가능한 것에서 찾느냐 못찾느냐에 달린 것입니다. 바로 자신이 발밑에서 당신의 행복이 굴러다니고 있는데도 당신은 보지 못하고 있는 것인지도 모릅니다. 또한 세상에 당연하다고 생각하는 것 자체가 행복이라는 것을 깨닫지 못하기 때문이기도 합니다.

당신이 자신보다 낫다고 생각하는 또는 부유해 보이고 권력이 있어 보이는 사람이 반드시 행복한 것도 아닙니다. 무엇인가 당신이 볼 때 풍족해 보이는 그 사람 역시 자기에게 주어진 것에 만족을 느끼지 못하고 자신의 주위에 있는 행복을 보지 못한다면 그 역시 불행하게 느낄 것입니다.

그러한 의미에서 일상 속의 사소한 일들이나 작은 기쁨과 슬픔에 애착을 가지고 소중하게 여기는 것이 바로 살아있는 날의 행복이고 기쁨이 아닐까요?

또한 사람은 불행을 알아야 행복을 알게 됩니다. 불행속에서 단련되어야 지혜로운 인간으로 성장합니다. 해는 떠오르면 반드시 지듯이 영원한 행복도 영원한 불행도 없습니다. 어쨌든 행불행은 신만이 결정할 수 있는 것이고 당신이 불행하다고 느끼고 있는 동안은 행복이 멀리에 있는 것이 아닙니다. 자신의 처지를 한탄하기 전에 인간답게 최선의 노력을 하는 것이 중요합니다.

사랑이란 사랑받는 것보다는 오히려 사랑하는 것에 있다

아리스토텔레스 [니코마코스 윤리학]

사랑이란 수동적인 것이 아니라 능동적인 것이다. 생각해보면 막연히 품고 있는 사랑이란 존재의미가 미미하다. 사랑받고 있더라도 사랑하는 것을 모르는 사람은 사랑 자체를 모른다. 사랑하는 사람이 있는 행복은 사랑받고 있는 행복보다 훨씬 행복하다.

사랑의 본질은 정신의 불이다

스웨덴보리 [진정한 기독교]

손에 쥔 돌은 쥐고 있는 동안은 따스하지만 일단 손에서 빠져나가면 원래의 차거운 돌로 돌아간다. 사랑이란 차가운 돌을 따스하게 하려는 정신의 지속성을 의미하는 것일지도 모른다. 스웨덴의 신비사상가 스웨덴보리는 정신의 불이라는 말로써 인간의 노력을 상징한 것으로 추측된다.

사랑은 아낌없이 준다

구약성서 [잠언]

사랑은 모든 것을 포용하고 모든 것을 용서할 뿐 아니라 아낌없이 주는 것이다. 주는 기쁨은 사랑에 의해 댓가를 요구하지 않는 행위로 승화되는 것이다.

□□□ [고사성어 한마디]

刀折矢盡(도절시진) 칼은 부러지고 화살은 다써서 없어짐. 곧 싸울대로 싸워 다시 더 싸워 나갈 도리가 없음.

사랑은 죽음의 두려움보다 강하다

트루게네프 [산문시]

이 말의 무게는 시의 늪을 엿본 사람이 아니면 이해할 수 없을지도 모른다. 그러나 결혼이라는 새출발을 앞둔 사람들에게는 유쾌한 말이다.

사랑도 믿음도 마찬가지로 나날의 자그마한 근행(勤行)에 의해 유지된다

로덴바하 [죽음의 도시 브류쥬]

매일 행하는 근행은 때로는 의무이고 형식일 뿐인 경우도 있다. 언제나 열렬한 귀의(歸依)의 마음으로 행한다고는 말할 수 없다. 그러나 그 과정을 극복해내면 습관이 되고 없어서는 안 될 것이 된다. 신앙도 사랑도 촉발되었을 때에는 열렬한 것이지만 그것을 지속하기 위해서는 형식도 필요하다.

모든 지혜 중에서 결혼에 관한 지식이 가장 뒤떨어져 있다

발자크 [결혼의 생리학]

음속을 초월하는 비행기로 여행을 할 수 있는 시대가 되었는데도 오히려 오늘의 문명은 이혼률을 증가시키고 있다. 결혼을 꿈꾸고 결혼에 싫증을 내고, 그리곤 다시 결혼을 반복한다. 남자와 여자 사이는 사람의 지혜를 초월하는 것이라는 말도 있는데 그것이 사실인 모양이다.

□□□ [고사성어 한마디]

倒行逆施(도행역시) 고집을 부려 강행함. 순서를 바꾸어 실행함.

왕국을 통치하는 것보다 가정을 다스리기가 더 어렵다

몽테뉴 [수상록]

왕국을 통치하는 데는 강한 권력을 행사하면 그럭저럭 꾸려나갈 수 있지만 가족과 원만한 생활을 하려면 상호 이해와 애정이 불가결하다. 그것은 권력을 행사하는 것만큼 간단한 것이 아니다.

남자란 집에서는 방해물

개스켈 [크란포드]

사실 모처럼 일요일을 만나서 남자가 방안에서 딩굴고 있으면 청소나 세탁에 방해가 된다. 아무래도 옛날부터 여자들은 남자를 큼직한 쓰레기 취급을 한 모양이다. 그러나 밖에 나가면 그 나름의 존경을 받고 때로는 상담에도 응하는 귀중한 존재라는 것을 믿고 실망하지 말기를.

남자들간의 차이는 기껏해야 하늘과 땅, 그러나 성질이 나쁜 여자와 좋은 여자의 차이는 천국과 지옥의 거리

테니슨 [아더왕과 기사들의 서사시]

좋고 나쁨의 차이라 해도 남자의 차이는 하늘과 땅이지만 성질이 나쁜 여자와 좋은 여자의 차이는 남자의 차이와 비교가 되지 않는다는 것이다. 결혼생활은 두사람이 서로 이해하고 감싸는 것. 두 사람의 좋은 관계가 그 차이를 좁힌다.

□□□ [고사성어 한마디]

獨斷專行(독단전행) 자기 혼자만의 판단으로 멋대로 행동함.

남자는 기분으로 나이를 먹고 여자는 용모로 나이를 먹는다

콜린즈 [당신은 몇 살]

인간은 누구나 나이를 먹는다. 콜린즈는 남자와 여자가 늙는 방식을 이렇게 갈파하고 있는데 어쩌면 이것은 피할 수 없는 사실일지도 모른다. 그러나 나이를 먹어가면서 인생의 풍요를 획득하는 것 또한 사실이다. 먹어가는 나이를 느끼며 굳이 초조해 하거나 고민할 필요는 없다. 그보다는 나이에 걸맞는 삶의 무게와 깊이를 익히는 것이 중요하다.

여자의 일생은 애정의 역사이다

워싱턴 어빙 [스케치북]

어릴 때는 가족에의 애정, 청춘시대의 연인에의 애정, 그리고 남편에의 애정, 자식에의 애정, 손자에의 애정. 여자가 추구하는 것은 애정이고 지속적으로 주는 것도 애정이다.

금과 은은 불속에서 정련되어야 비로소 빛이 난다

[유태격언]

엄격한 시련을 거쳐야 사랑도 또한 반짝이는 것이다. 젊다고 해서 두 사람의 사랑이 빛나는 것은 아니며 남녀가 함께 시련을 극복하며 함께 이겨낸 사랑이야말로 진실한 사랑이다.

□□□ [고사성어 한마디]

獨立獨步(독립독보) ① 남을 의지하지 않고 독자적으로 행동함. ② 달리 나란히 겨룰 만한 것이 없음.

여자를 재는 세가지 잣대가 있다. 요리, 복장, 남편, 이 세가지는 그녀가 만드는 것이다

[유태격언]

요리는 미각의 만족과 동시에 건강유지와도 깊은 관계가 있다. 복장은 감각의 좋고 나쁨이다. 이러한 것에 취미가 있고 지혜를 발휘할 수 있는 아내라면 자기 남편도 사랑과 지혜로 반드시 훌륭한 남자로 만들 수 있을 것이다.

결혼은 인생 그 자체이다──그것은 전장이지 장미정원이 아니다

스티븐스 [젊은 남녀를 위하여]

결혼이라는 말에 장미정원을 꿈꾸는 남녀가 너무나 많다. 그러나 결혼생활은 인생 그 자체로서 사랑도 필요하지만 빵도 필요한 실생활의 장소이다. 싸움을 이겨내야만 인생의 기쁨이 있다.

정열 때문에 결혼하더라도 정열은 결혼만큼 지속되지 않는다

[유태격언]

그러므로 정열만이 아니라 여러가지 사정을 생각해야 한다. 애정을 확인한다는 것은 상대의 애정이 아니라 자기 자신의 상대에 대한 애정이라는 것을 잊어서는 안 된다.

□□□ [고사성어 한마디]──────────

讀書三昧(독서삼매) 오직 책읽기에만 골몰함.

결혼—한사람의 주인과 한사람의 여주인, 그리고 두 사람의 노예로 구성되어 있는 공동사회, 다만 인원은 모두 합해 두 사람뿐이다

비어스 [악마사전]

이 공동사회에서는 주인과 여주인이 동시에 자신의 존재를 주장하지 않는 동안은 평화롭다. 이 기간에, 이윽고 또한명의 어린 아이라는 새로운 주인이 출현할 때를 위하여 열심히 상대에게 최선을 다하는 훈련을 쌓아가는 것이다.

행복의 비결은 흥미의 대상을 가능한 한 넓게 갖고 흥미를 끄는 사항이나 인물에 대해서는 가능한한 적의를 없애는 대응을 하는 것이다

러셀 [행복의 정복]

철학자이며 수학자인 러셀은 행복하기 위한 방법론을 기술했다. 인간은 자기가 익숙하지 않은 것에는 거절의 태도와 적의를 품기 쉽다. 그러나 그런 완고함을 멀리하라고 가르친다. 아내와 남편, 아이들이 반항하더라도 호의로 대하면 반드시 행복의 실체가 보이기 시작한다.

결혼에는 걸어라. 이혼에는 달려라

[유태격언]

□□□ [고사성어 한마디]

讀書尙友(독서상우) 독서를 함으로써 옛 현인들과 벗이 될 수 있다는 뜻.

결혼상대를 선택하는데 있어서는 아무리 신중해도 지나치지 않다. 절대로 서두르면 안 된다. 그러나 결혼에 대해서는 지금이나 옛날이나 황급하게 치닫는 남녀가 많다. 한편 이혼이 불행이라는 것은 틀림이 없으나 부부가 노력해도 잘 되지 않을 때는 그 불행한 결합은 하루라도 빨리 해소하는 편이 좋다고 한다. 그런 불행한 결말을 만들지 않기 위해서도 정열에만 휘말려 결혼하기 전에 다시 한번 재고하라고 가르치고 있다.

인생 최상의 행복은 사랑받고 있다는 확신에 있다

위고 [레미제라블]

사랑의 반대는 증오가 아니다. 그것은 무시도 아니고 바로 무관심이다. 사랑받고 있다는 확신은 사람을 얼마나 강하게 만드는가? 그리고 얼마나 행복하게 만드는가? 새로운 출발을 앞둔 두 사람이라면 즐거울 때도 괴로울 때도 서로가 서로를 배려하고 동정하고 사랑하고 사랑받을 것임을 확신하고 있어야 한다. 그 확신이야말로 인생 최상의 행복이다.

진정한 행복은 어디에도 정착하지 않는다. 찾더라도 발견되지 않지만 어디에나 있다. 돈으로는 결코 살 수 없으나 언제든지 손에 넣을 수 있다

포프 [인간론]

□□□ [고사성어 한마디]

獨立自尊(독립자존) 독립하여 행세하며 자기의 인격과 위업을 보전함.

행복을 물질로 추구하는 사람은 결코 채워지는 일이 없다. 공기는 없어서는 안 되는 것이지만 눈에 보이지 않는다. 숨을 쉴 수 있는 것이 행복이라고 생각하는 사람만이 공기를 느낄 수 있다. 두 사람이 손에 넣은 행복도 돈으로는 살 수 없는 것이다.

인생은 흐느낌과 미소로 이어져 있으나 흐느끼고 있는 시간이 가장 길다

오 헨리 [현자의 선물]

내일은 크리스마스인데 지갑은 빈털털이, 아내는 자기의 변변치 못함을 훌쩍이며 탄식하다가 이윽고 자기의 아름다운 머리를 잘라 남편의 금시계를 위한 시계줄을 샀다. 남편은 아내를 위해 조부대대로 물려받은 금시계를 팔아 대모갑의 머리빗을 구했다. 두사람은 선물의 교환을 하고 환히 웃어야 했으나...... 진상을 알고 통곡하는 아내. 여기에 인생의 사랑이 응축되어 있다.

날카로운 설봉(舌鋒)이란 사용할수록 더 날카로와지는 유일한 칼날이다

위싱턴 어빙 [스케치북]

혀는 매끄럽고 부드럽게 사용해야 한다. 요리를 할 때를 제외하면 부부 사이에 칼날은 필요치 않다. 날카로운 혀라는 칼날이라면 더 말할 필요도 없다.

□□□ [고사성어 한마디]

突貫工事(돌관공사) 한달음에 기운차게 해내는 공사.

인생을 살아가기 위해서는 인생을 사랑해야 한다. 그리고 인생을 사랑하기 위해서는 인생을 살아야만 한다

와일더 [나의 마을]

미국의 보통마을에서 펼쳐지는 일상생활에서 인생의 의미를 찾으려고 하는 명작으로 무대감독의 대사이다. 고통과 슬픔으로 가득 찬 인생이라도 살아가려면 사랑해야만 하고, 인생을 사랑하고 멋진 것으로 하기 위해서도 우선 살아야 한다.

남성의 행복은 "나는 원한다"이다. 여성의 행복은 "그가 원한다"이다

니체 [짜라투슈트라는 이렇게 말했다]

남자가 자기를 중심으로 생각하는 습성을 갖는 것은 항상 싸워서 자기를 실현해야 했기 때문이다. 여자가 그를 항상 생각하는 것은 그를 통하여 자기를 실현하는 쪽이 용이했기 때문이다.

부부란 부부를 구성하는 두 사람 중 보다 낮은 쪽의 수준에 맞추어 사는 것이다

앙드레 모르와 [애정과 습관]

물이 낮은 곳으로 흐르듯이 애정은 지구의 인력에 영향받지 않는다. 그러나 생활습관이 갑자기 비약할 수는 없다.

□□□ [고사성어 한마디]

同價紅裳(동가홍상) '같은 값이면 다홍치마'란 뜻으로, 같은 값이면 좋은 것을 택한다는 말.

아내는 변함없는 복종을 통하여 남편을 지배한다

토마스 플러 [신성한 국가, 불경한 국가]

아내는 언제나 거역하지 않는다. 그러나 실행하는 것은 자기 마음에 내키는 것만이다. 남편에게 있어서 중요한 것은 아내가 복종하고 있다는 사실이 아니라 명령을 들어준다는 기분이며 아내는 그것을 잘 알고 있다.

아내는 청년의 연인, 중년의 말상대, 노년의 간호부이다

F. 베이컨 [수필집]

의지가 되는 것은 아내이고 상냥한 것은 아내이다. 그러나 이러한 진실을 깨닫는 것은 많은 경우에 간호를 받게 되고부터이다. 그리고 여성의 수명은 남성보다 길다. 그러므로 남성도 부부가 함께 오래 같이 살도록 노력할 필요가 있는 것이다.

동반자를 매도하는 동물은 인간뿐이다

아리오스토 [광란의 올랜드]

사랑이 깊어지면 남편을 잡아먹는 곤충도 있다. 세상에는 사람의 지혜로 알 수 없는 일도 많이 있다. 그러나 상대를 헐뜯는 것이 사랑의 의식의 시작이라고 말하는 부부는 되지 말아야 할 것이다.

□□□ [고사성어 한마디]

同工異曲(동공이곡) 기교는 같지만 표현형식이나 내용은 다름.

가난은 수치가 아니다. 그러나 명예라고는 생각하지 말라

[유태격언]

결혼하여 아내에게 청빈을 자랑하는 것은 그 순진함을 차치하고 자신의 약점을 커버하려는 속성이 엿보인다. 돈은 그 자체로 깨끗한 것도 더러운 것도 아니다. 돈을 불결한 것처럼 말하는 것은 인생에 대하여 진지한 태도라고는 볼 수 없다. 돈이 있으면 인생의 가능성이 넓어진다. 돈은 사용하는 방법에 따라 깨끗하고 더러운 것이지 사용하는 인간의 품성과는 관계가 없다.

두 개의 세계가 있다. 한쪽은 경계와 규칙으로 나뉘는 세계, 그리고 또 한쪽은 마음과 상상력으로 느끼는 세계이다.

헌트 [남자와 여자의 책]

사회생활을 영위하는 한 타인에의 불가침 영역과 갖가지 규제는 당연한 것이다. 세상이 복잡해지면 복잡해질수록 그 정도는 높아지고 부자유스러워진다. 그러므로 가정생활이나 부부 사이에서는 서로에 대한 배려와 풍요한 상상력을 발휘해야 할 것이다.

추악한 여자는 없다. 다만 아름답게 보이는 방법을 모르는 여자가 있을 뿐이다.

라 브뤼에르 [사람은 가지가지]

□□□ [고사성어 한마디]

東奔西走(동분서주) 사방으로 바삐 돌아다님.

아무리 이목구비가 잘 갖추어진 얼굴에 근사한 균형미를 갖춘 사람이라도 전혀 아름답게 느껴지지 않는 사람이 있고 얼굴이나 스타일은 어찌되었든 항상 반짝이는 사람이 있다. 그것은 살아가는 자세의 문제이거나 일에 대한 정열, 주의에 대한 배려 때문이다. 아름답게 보이는 기술—그것은 화장법이나 의상이 아니라 마음의 문제이다.

연애는 여자에게 있어서는 그 전인생이지만 남자에게 있어서는 단순한 에피소드에 불과하다

스탈 부인 [정열의 힘에 대하여]

이 부인은 소녀시대부터 재기발랄했고 그 열렬한 자의식 때문에 나폴레옹에 의해 조국 프랑스에서 쫓겨나 유럽 각지에서 망명생활을 보냈다. 19세기 초에 정열적으로 살았던 여성과 현대 여성은 연애에 대한 사고도 다를 테지만 남자와 여자의 연애에 대한 대처방식의 차이를 단적으로 지적한 말로 받아들여야 할 것이다.

사랑은 생명의 꽃이다

F. 보덴슈테드 [내성과 전망]

꽃은 생명의 응집이고, 생명의 절정으로서 꽃은 피어나는 것이다. 사랑이란 바로 그러한 것이다.

□□□ [고사성어 한마디]

目食耳視(목식이시) 눈으로 먹고 귀로 본다는 뜻으로, 허세를 부리기 위한 사치가 지나침을 개탄하여 이르는 말.

사랑의 본질은 정신의 불이다

E. 스웨덴 보리 [친정한 기독교]

사랑은 단순한 정열이 아니라 그 자체가 타오르고, 그 상대, 대상을 태우며 그 안에서 스스로도 태워지는 불이다. 그러한 정신이 바로 사랑이다.

진리에의 사랑만이 결코 우리를 배반하는 일이 없는 유일한 사랑이다

로망 롤랑 [사랑과 죽음의 유희]

진리라는 것은 어디까지나 접근해 가는 것이며 사랑하면 사랑할수록 진리에 접근한다. 배반당하는 일이 없다.

사랑의 본질은 개인을 보편화하는 것이다

D. H. 로렌스 [무의식의 환상]

개인의 이해관계와 같은 특수한 면을 버리고 널리 공통되는 높은 수준으로 도달해 가는 것—그것이 사랑의 본질이다.

사랑은 그것이 자기희생일 때를 빼고는 사랑이라고 부를 가치가 없다

로망 롤랑 [톨스토이의 생애]

□□□ [고사성어 한마디]

猫項懸鈴(묘항현령) '고양이목에 방울달기'란 뜻으로, 실행할 수 없는 공론(空論)의 비유.

개인적인 이해 등을 버리는 희생 자체가 자신에게 기쁨을 가져다 주고 그것이 바로 사랑이라는 것이다.

사랑은 상실이고 단념이다. 사랑은 모든 것을 타인에게 주었을 때 가장 풍족하다

K. F. 구코 [전집]

나의 모든 것을 주는 것, 댓가없이 주어지는 사랑이라야 진정한 사랑일 수 있다. 마치 촛불이 제몸을 불태워 빛을 내듯이 내 몸을 불태우는 사랑일 때 가장 충만된 기쁨을 느낄 수 있을 것이다.

사랑은 모든 것을 믿고 속이지 않는다. 사랑은 모든 것을 원하고 또한 절대로 멸하지 않는다. 사랑은 자기 이익을 구하지 않는다

S. 키르케고르 [사랑의 행위]

그러한 사랑일 때에만 사람은 저 높은 곳을 향하여 신에게 접근할 수 있는 것이 아닐까? 갈수록 인스턴트화 되어 가고 하룻밤 만났다가는 아무 미련도 없고 고통도 없이 헤어지는 현대사회, 순간의 쾌락만을 추구하고 자신의 이익만을 추구하는 현대사회의 이기적인 풍조속에서 깊이 음미해 보아야 할 명언이다.

□□□ [고사성어 한마디]

無本大商(무본대상) 밑천없이 하는 큰 장사라는 뜻으로, 도둑을 비꼬아 이르는 말.

사랑은 죽음보다도 죽음의 공포보다도 강하다. 사랑, 단지 이것에 의해서만 인생은 주어지고 진보를 계속하는 것이다

I. S. 트루게네프 [산문시]

죽음까지도 뛰어넘을 수 있는 것, 그것이 사랑이다. 비록 기독교적인 사랑이 아니더라도 이러한 두려움이 없는 사랑이 인류를 구할 수 있고 미래를 개척할 수 있다.

사랑은 한 남자나 여자를 많은 사람중에서 선택하고 그 이외의 사람을 절대로 돌아보지 않는 것입니다

L. N. 톨스토이 [크로이체르소나타]

많은 사랑중에서 부부애를, 연인 사이를 지칭하는 말로 보인다. 서로가 서로를 믿고 진심을 줄 때 깊은 사랑은 싹틀 것이다.

3주일 동안 서로 궁리하고 3개월간 서로 사랑하고 3년간 싸움을 하고 30년간 참아낸다. 그리고 아이들이 똑같은 것을 되풀이 한다

H. A. 테느 [토마-그랜드루쥬의 생활과 의견]

그렇게 해서 인간의 역사는 오늘날까지 되풀이되었고 인간이라는 씨앗은 보존되어 간다.

□□□ [고사성어 한마디]

面從腹背(면종복배) 겉으로는 복종하는 체하면서도 속으로는 배반함.

결혼에서 꽁무니를 빼는 것은 전장에서 도망치는 병사와 같다

R. L. 스티븐슨 [젊은 사람들을 위하여]

비록 결혼이 전쟁처럼 치열한 것이라 해도 거기서 피해서는 안 될 것이다.

나는 천국에서 남자들끼리 살기보다는 세상에서 좋아하는 여자와 고생하면서 살고 싶다

R. G. 잉거솔 [남자와 여자와 어린이의 자유]

하늘을 나는 새처럼, 들에 피어난 꽃처럼, 주위의 환경이 어떠하든 주어진 세계에서 고락을 함께 하며 사는 것이 인생의 진미가 아니겠는가?

오오. 여자의 가죽을 뒤집어쓴 호랑이 마음!

셰익스피어 [헨리 6세]

그야말로 통렬한 비유이다. 세상을 살다보면 이런 말을 해주고 싶어하는 남성도 있지 않겠는가? 남성들이여, 다만 그 가죽을 벗어 던지고 덤벼들지 않는지 조심하기를.

약한 자여, 그대의 이름은 여자이다

W. 셰익스피어 [햄릿]

□□□ [고사성어 한마디]

無稽之言(무계지언) 전혀 근거가 없는 엉터리 이야기.

사랑에 번롱당하면서 자신의 신념, 진실을 관철하지 못하는 어머니 가트루드, 그 여자의 가련함, 슬픔에 대하여 비난을 담아 말한 왕자 햄릿의 말.

사람은 여자로 태어나지 않는다. 여자가 되는 것이다

보봐르 [제2의 성]

그녀의 여성론 첫머리에 나오는 말이다. 여성은 남성본위의 사회에서 어릴 때부터 남자보다 못한 것으로 교육받으면서 제2의 성으로서 여자가 되고 남자에게 바쳐져 아내가 된다고 주장하며, 인간으로서 주체성을 가지고 살 것을 강조한다.

아아! 청춘! —사람은 일생의 한 시기에만 그것을 소유한다. 그 나머지 세월은 다만 회상할 뿐이다.

A. 지드

청춘기는 다가왔다가는 곧 사라진다. 많은 젊은이가 혈기왕성한 시기에 그 사실을 깨닫지 못하고 깨달았을 때는 이미 청춘기는 지나가 버린다. 내 힘이 미치지 않는 피안으로 사라지는 것이다.

인생은 학교이다. 거기에는 행복보다는 불행이 더 좋은 교사이다.

V. M. 프리체

□□□ [고사성어 한마디]

無告之民(무고지민) 고아나 과부, 늙은이처럼 어디다 호소할 데가 없는 어려운 백성.

불행속에서 인간은 단련되어 간다는 말. 실러는, 사람은 행복할 때에는 위대하게 보일 수도 있으나 정말로 향상하는 것은 불운할 때이다, 라고 말했고 영국의 평론가 W. 허즐리트는, 행운은 위대한 교사이다. 불운은 그 이상으로 위대한 교사라고도 말했다.

인생은 우리가 인생이란 무엇인가를 알기도 전에 이미 절반이 흘러간다

W. E. 헨리

배우기 위해, 먹기 위해, 더 잘 살기 위해 정신없이 뛰면서 젊은날을 훌쩍 흘려보내고 '아, 산다는 것은 이런 것인가?'하고 문득 생각할 때가 되면 이미 그 인생은 반이 지나가 버린다.

사람은 누구나 나 혼자의 삶을 혼자서 살고 나 혼자의 죽음을 혼자 죽는다

J. P. 야콥센

사는 것도 혼자, 죽는 것도 혼자라는 말도 있다. 주위에 가족이 있고 친척이 있고 친구가 있더라도 여전히 나는 나일 뿐, 누구도 나를 대신할 수는 없는 것이 인간의 삶이다.

□□□ [고사성어 한마디]

무사가답(無辭可答) 사리가 떳떳하여 감히 대꾸할 말이 없음.

제8장
인생의 기로에 섰을 때 유익한 한마디의 말

사람은 누구나 인생의 여정에서 크고 작은 장애를 만나고 때로는 좌절할 때가 있습니다.

그 좌절의 순간에 장애물에 굴하지 않고 극복해 나가느냐 또는 실의에 빠져서 주저앉느냐는 각자의 정신자세에 달려 있을 것입니다. 이 장애물이 말하자면 성장과 퇴보의 분기점이 될 수 있으며 인생의 기로라고 할 수 있습니다.

선택의 순간, 또는 갈등으로 망설이는 때만큼 누군가의 진심어린 충고나 제언이 회색의 미로에 길잡이가 되어주는 것도 없습니다.

때로는 고뇌와 고난을 만나 눈물을 흘리기도 합니다. 열심히 노력했는데도 운이 따르지 않을 수도 있습니다. 아무리 노력하더라도 결실을 맺지 못하고 좌절할 때도 있습니다. 동료 중에는 요령이 좋아 노력도 하지 않았는데 빠르게 출세가도를 달리는 사람도 있을 것입니다. 그런 사람을 볼 때는 솔직히 최선을 다해 열심히 사는 것이 어리석게 보이고 삶에의 의욕을 잃는가 하면 자포자기에 빠질 수도 있습니다.

그러나 눈물을 흘려본 사람이 진정한 인생의 깊이를 알 수 있습니다. 슬픔을 아는 인간이기에 기쁨을 알 수 있습니다. 불행이 있기에 행복이 있는 것입니다.

상대적인 빈곤, 상대적인 불행감, 상대적인 결핍을 느끼기 전에 우선 당신이 선택한 인생여정에 최선을 다해 보십시요. 비록 그 결실이 기대했던 만큼이 아니라 해도 성취의 기쁨, 최선을 다했다는 정신의 만족을 느낀다면 그것이 바로 삶의 행복이 아닐까요.

어리석은 자에게는 같은 나무도 현명한 자와 똑같이 보이지 않는다

브레이크 [천국과 지옥의 결혼]

어리석은 인간은 현명한 인간이 결실이 풍부한 나무라고 간주하더라도 단순한 잎이 달린 나무라고 판단한다. 또한 역사가 있는 큰 나무를 단순히 썩어가는 나무라고만 생각한다. 통찰력의 차이를 비유한 말.

돈은 모든 불평등을 평등하게 한다

도스토예프스키 [미성년]

돈은 그렇게 간단하게 모이는 것이 아니다. 그러나 노력 여하에 따라서 손에 들어오는 것이다. 그런 의미에서 돈은 인간이 태어나 자란 환경이나 계급, 지위에 속박되는 일이 없이 누구나 자유롭게 획득하고 무엇인가를 이루는 수단으로서 사람에게 평등의 기회를 부여해 준다.

현실의 공포는 마음에 그리는 공포만큼 두렵지 않다

셰익스피어 [맥베드]

자기 몸에 덮쳐내릴지도 모르는 재난이나 범죄를 예상한 경우, 상상력이 감수성이 강한 사람일수록 크게 두려워한다.

□□□ [고사성어 한마디]

得意滿面(득의만면) 뜻을 이루어 기쁜 표정이 얼굴에 꽉 참.

만일 신이 존재하지 않다면 신을 창조할 필요가 있다

볼테르 [철학서한]

신의 존재가 분명하지 않다고 하더라도 인간은 스스로 우상이나 상상의 세계에서 신을 만들어낸다. 인간들은 우주를 관장하는 전지전능한 힘을 가진 존재를 만들어 내고 거기에 매달리면서 연약한 자기를 의지하려고 하는 것인지도 모른다.

신이 존재한다는 것은 불가해하다. 그리고 또한 신이 존재하지 않는다는 것도 불가해하다

니체 [서광]

신의 존재는 인식하기 힘들고 신이라는 개념은 이해하기 어렵다. 그렇다고 신은 존재하지 않는다고 자신있게 부정할 수도 없다. 과학이 진보한 오늘날에도 이것은 마찬가지다. 신 자체가 하나의 개념으로 해결할 수 없는 불가해한 존재이기 때문일까?

어린이는 어른의 아버지

워즈워드 [무지개를 볼 때의 내 마음은 두근거린다]

천진하게 보이는 아이의 행위와 말 속에서 깜짝 놀랄 만한 번득임을 볼 때가 있다. 꿈과 희망, 순수를 잃지 않은 어린이야말로 인간 본원의 자세일지도 모른다.

□□□ [고사성어 한마디]

頭寒足熱(두한족열) 머리는 차게 두고 발은 덥게 하는 일.

악으로 시작한 것은 악에 의해 강화된다

셰익스피어 [맥베드]

사악에 의해 시작된 것은 갈수록 악의 정도가 강화된다. 스스로의 악에 의해 무덤을 판 맥베드의 비극을 상징하고 있다. 악은 눈덩이처럼 커져가는 것 같다.

악에 고통받는 일이 없이 악을 행할 수는 없다

에머슨 [수필집]

악에 대한 자각을 갖지 않고 아무런 고통도 없이 나쁜 행위를 하는 것은 불가능하다. 거기서는 반드시 양심과의 갈등이 일어날 것이다.

악은 필요하다. 만일 악이 존재하지 않는다면 선도 또한 존재하지 않는다. 악이 바로 선의 유일한 존재 이유이다

아나톨 프랑스 [에피큐르정원]

악과 선은 서로를 무시할 수 없는 개념으로 악이 존재하기 때문에 선이 존재한다. 속담에 '악인이 있음으로써 선인도 나타난다'는 말도 있다. 그러나 '필요악'을 과대평가하는 것은 위험하다. 철학적인 명제와 시니컬한 말장난의 세계를 혼동하지 않도록 주의해야 한다.

□□□ [고사성어 한마디]

棟梁之材(동량지재) 한 집이나 또는 한 나라를 맡아 다스릴 만한 큰 인재.

악마가 우리를 유혹하는 것이 아니다. 우리가 악마를 유혹하는 것이다

조지 엘리오트 [페릭스 홀트]

나쁜 짓을 저질렀을 때 '악마의 유혹이 있었다'고 변명하는 일이 있다. 그러나 실제로는 악마쪽이 인간의 유혹을 만나 나쁜 짓에 가담하게 되는 것일지도 모른다. 자기의 내면에 악에 물들고 싶은 욕구나 약점이 잠재해 있지는 않은가?

분노에 불같이 노하는 사람은 분노에 창백해지는 사람만큼 두렵지 않다

데카르트 [정념론]

분노를 노골적으로 얼굴에 드러내어 아우성치는 사람은 창백한 얼굴로 가만히 참거나 묵묵히 참아내는 사람만큼 두렵지 않다. 단순하고 활수한 사람은 그 자리의 분노로 끝나지만 음험하고 오만한 사람은 좀체로 분노의 감정을 겉으로 드러내지 않는다. 그러나 참고 참은 분노를 폭발시키면 그것은 수습하기 어려울 정도로 귀찮은 결과가 된다.

한번도 성공한 적이 없는 사람이 가장 감미로운 것으로 생각하는 것, 그것은 성공하는 것이다

디킨슨 [인생]

□□□ [고사성어 한마디]

同牀各夢(동상각몽) 한자리에 자면서 꿈을 다르게 꾼다는 뜻으로, 행동은 같이 하면서 서로 생각을 달리함을 이르는 말.

꿈꾸던 것을 성공시키고 영예와 명성을 얻기까지는, 남에게는 말로 다 할 수 없는 고생이 있고 때로는 부끄러운 행위도 해야만 한다. 성공자는 그 고통을 알고 있으나 성공한 일이 없는 인간은 성공의 댓가로 무엇을 잃는가를 알지 못한다. 그래서 그저 감미로운 것으로만 성공을 꿈꾸는 것이다.

많은 것을 가진 자는 더욱 많은 것을 손에 넣는다. 조금밖에 갖지 못한 자는 그 얼마 안 되는 것까지 빼앗긴다

하이네 [세상]

많은 재산을 소유하고 있는 사람은 주위 사람들로부터 이익이 있어 보이는 것을 계속 빨아들이고 더욱 비만해진다. 약육강식의 비정한 세계에서는 돈이 돈을 부르고 정보가 정보를 부른다. 반대로 약간의 재산을 밑천으로 일을 하고 있는 사람은 작은 실패를 해도 치명적인 타격이 되어 밑천까지 날릴지 모른다. 결국 과감한 정신과 노력으로 대처할 수밖에 없다.

희망은 인간의 최후의 보루이다

[서양속담]

희망은 고통과 절망, 단념 등 모든 마이너스 상황을 체험하고서도 여전히 마지막까지 인간에게 남겨진 형체가 없는 성채라고 말할 수 있다. 희망은 인간의 미래로 이어지는 유일한 가교이다.

□□□ [고사성어 한마디]

同溫夏淸(동온하청) 부모를 섬김에 있어 겨울에는 따뜻하게, 여름에는 서늘하게 한다는 뜻.

우연이 사람에게 지성을 주고 그것을 사용한 사람은 어리석음을 발명했다

레니에 [철학산책]

인간은 이 세상에서 가장 신에 가까운 지성적 동물일 것이다. 그런데도 본능대로 사는 야생동물보다도 훨씬 어리석은 행위를 하는 일이 있다. 돈벌이에 눈이 어두워 자신들이 사는 환경을 파괴하는 자멸행위라든가 핵무기 제조 등, 어리석은 행위로 들자면 한이 없을 것이다.

입에 은수푼을 물고 태어나는 자가 있는가 하면 나무국자를 물고 태어나는 자도 있다

골드 스미스 [세계의 시민]

인간의 운명과 천성은 불평등하게 주어져 있다. 그러나 개개인의 바꿀 방법이 없는 소질과 자라난 환경은 약간 과장해서 말하자면 인류사상 유일무이한 것이다. 그것들을 역으로 이용하여 인생에서 유효하게 살아가는 방법은 반드시 있을 것이다.

이 세상은 생각하는 자에게는 희극이고, 느끼는 자에게는 비극이다

월폴 [서한집]

□□□ [고사성어 한마디]

凍足放尿(동족방뇨) '언발에 오줌누기'란 뜻으로, 임시변통으로 한 일이 나쁜 결과를 가져옴의 비유.

인생은 희비가 엇갈려 있다. 깊이 사색하는 인간에게 있어서는 어이없는 것이 많은 희극, 감수성이 풍부한 인간에게는 비탄에 빠지는 비극이 될 것이다. 한 인간에게 있어서도 마찬가지, 그때그때에 따라 느끼는 방법은 달라진다.

행복—타인의 불행을 바라봄으로써 생기는 쾌감

비어스 [악마사전]

인간의 본성을 정확히 찌른 조롱이라고 할 수 있다. 많은 사람들은 행복을 추구하면서도 구체적으로는 아무런 노력도 하지 않고 기다리고만 있다. 그리고 타인이 불행에 빠지면 내 상황과 비교하여 아무래도 자기가 행복하다고 느끼고 결국은 타인의 불행을 기대하고 기뻐하기도 한다.

自業自得(자업자득)

[정법염처경(正法念處經)]

"자작악업 자득악보(自作惡業 自得惡報)"에서 나옴. 스스로 저지른 악업은 반드시 과보가 되어 자기에게 돌아온다는 비유. 인과응보(因果應報)라는 말도 있는데 나쁜 짓을 하면 그 댓가가 자기에게 돌아온다는 뜻이다.

상식이나 솔직한 처신만큼 사람을 놀라게 하는 것은 없다

에머슨 [수필집]

□□□ [고사성어 한마디]

登樓去梯(등루거제) 다락에 오르게 하고 사다리를 치운다는 뜻으로, 남을 꾀어 난처한 처지에 빠지게 함의 비유.

당연한 것이 당연하게 받아들여지지 않는 현대에는 잡다하게 꾸며진 미사려구나 난해한 사상이 범람하는 가운데 간단한 것, 직설적인 것이 오히려 인간을 놀라게 하고 감동시킨다. 원점으로 돌아가 단순하게 생각함으로써 새로운 시점이 생길 수도 있다.

인생의 성공비결은 실패자만이 안다

콜린즈 [경구]

누구에게나 인생에 있어서 기회는 돌아온다. 그것을 살린 인간이 성공을 거둔다. 그러나 그 기회의 의미는 살리지 못한 사람이 더 잘 아는 것이다.

인생은 대리석과 진흙으로 만들어져 있다

호돈 [七破風의 집]

대리석은 아름다운 것, 진흙은 더러운 것의 예로 사용되고 있다. 대리석과 같은 아름다운 것으로만 에워싸인 인생은 없다. 물론 진흙 투성이만의 인생도 없다.

높은 지위는 위대한 사람을 더욱 위대하게 하고 작은 인물을 더욱 작게 한다

라 브뤼에르 [사람은 가지가지]

□□□ [고사성어 한마디]

燈火可親(등화가친) 가을밤은 등불을 가까이 하여 글 읽기에 아주 좋다는 뜻.

높은 지위를 부여받거나 책임있는 일을 맡거나 했을 때, 실력이 있으면 충분히 그것을 수행할 수 있지만 소심한 사람은 거기서 한계를 보인다. 모처럼 높은 지위를 부여받더라도 실력이 뒤따르지 못함이 알려지는 것은 비참한 일이다. 그때를 위해서라도 평소에 실력을 쌓아야 한다.

뛰어난 기억력은 판단력의 약점과 결부된다

몽테뉴 [수상록]

기억은 아무리 뛰어나더라도 과거밖에 비추지 않는다. 말하자면 후미등이다. 전진하기 위해서는 앞이 아무리 어둡더라도 전방을 응시하고 판단해야 한다. 그 결단력이 약하면 오직 과거의 기억에서 전례를 찾지 않을 수 없는 것이다.

모든 불행 중에서 최대의 불행은 옛날에 행복했던 것이다

호라티우스 [칼미나]

문제는 옛날에 행복했던 것이 아니다. 행복했던 옛날을 생각하고 그때는 좋았었다고 탄식하는 것과 그 자세이다. 항상 적극적인 인간은 과거를 돌아보고 탄식하기 전에 지금 행복해지기 위해 전력을 다한다.

인간에게 가장 많은 재앙을 가져오는 것은 인간이다

프리니우스 [자연사]

□□□ [고사성어 한마디]

馬耳東風(마이동풍) 남의 비평이나 의견을 조금도 귀담아 듣지 아니하고 곧 흘려버림을 일컫는 말. 쇠귀에 경읽기.

동물은 살기 위해서만 남을 죽이지만 인간은 자기의 욕망을 위해서라면 무엇이든 한다. 자연이나 환경을 파괴하고 사람의 마음을 황폐시키고 끊임없이 전쟁을 벌이는 것도 모두 인간이다.

인간은 몸의 약이 듣지 않음을 알게 되면 마침내 마음의 약을 찾기 시작한다

피샤르트 [시]

건강촉진의 의약품이 있는가 하면 갖가지 강장제도 있다. 인간은 건강해지려고, 젊어지려고 갖은 애를 쓴다. 그러나 의사나 약이 쓸모없음을 알게 되어서야 겨우 정신의 안정과 신앙을 추구하게 된다.

인간은 자기가 타인보다 뒤떨어지는 것은 자신의 능력 때문이 아니라 운 때문이라고 생각하는 존재이다

푸르탈코스 [남에게 미움받지 않고 자기를 칭찬하는 것]

누구나 그렇게 생각하고 있다. 사실 그런 구실조차 만들 수 없다면 자위할 수 있는 여유마저 없을지도 모른다. 무작정 운명의 여신이 미소짓기를 기다리지 않고 스스로 노력하여 자기 실력을 평가받을 수 있는 사람만이 진정한 승자가 될 수 있다.

□□□ [고사성어 한마디]

麻中之蓬(마중지봉) 삼밭에서 자란 쑥이란 뜻으로 좋은 환경에서 자라면 악한 사람도 선량해진다는 말.

인간은 천사도 아니고 야수도 아니다. 그러나 불행한 일에 인간은 천사처럼 행동하기를 바라면서도 야수처럼 행동한다

파스칼 [팡세]

순진무구한 천사가 되고 싶다고 바라지만 그래서는 세상을 살아갈 수 없다. 살아가기 위해서 사람을 속이고 상처주고 가혹한 짓을 한다. 그것이 인간이다. 천사가 될 필요까지는 없으나 야수는 되지 말아야 할 것이다.

사람은 비명과 함께 태어나고 고통과 함께 살고 결국에는 절망하여 죽는다

토마스 플러 [구노모로지아]

인간의 일생은 그러한 것이다. 그것을 각오한다면 눈앞에 있는 불행을 웃어넘길 수 있을 것이다.

빙산의 일각

[속담]

빙산은 전체의 15퍼센트 정도만이 바다위에 떠 있다. 중요한 부분이 거의 가려져 있는 것의 비유. 자칫하면 눈에 보이는 부분만으로 판단하기 쉽지만 수면 밑을 고려하지 않으면 큰 과오를 범할 수 있다.

□□□ [고사성어 한마디]

莫知東西(막지동서) 동서를 분간하지 못한다는 뜻으로, 곧 사리를 모르는 어리석은 사람을 가리키는 말.

우리는 자기의 결점을 하나씩 극복할 때마다 그만큼 교만해진다

라 로슈푸코 [잠언]

자기에게는 결점이 하나밖에 없다고 생각하기 때문일까? 그래서 결점이 하나씩 없어질 때마다 자기가 완전해진 듯한 기분이 드는지도 모른다. 그러나 작은 결점을 하나 고치고 교만이라는 큰 결점을 짊어진다면 결점이 줄었다고는 할 수 없을 것이다.

□□□ [고사성어 한마디]

滿身瘡痍(만신창이) ① 온 몸이 흠집투성이가 됨. ② 어떤 사물이 엉망진창이 됨.

제9장
속담을 통해 보는 진리의 세계

가난 구제는 나라님도 못한다

[속담]

가난한 사람을 구하는 일은 나라님의 힘으로도 어려운 일이다. 하물며 한 개인의 힘으로는 더욱 어려운 일이라는 말. 가난에는 나라도 못당한다고도 함.

가난이 원수

[속담]

가난하기 때문에 남에게 무시당하고 고통을 받게 되니 원수와 같이 느껴진다는 말. '가난이 죄다'라는 말도 있고 가난하기 때문에 못된 짓을 저지르고, 일이 잘 안 되는 것은 가난 탓이라는 의미를 갖는다.

가난한 집 제사 돌아오듯

[속담]

어려운 살림에 제삿상을 준비하려면 힘이 든다는 의미에서 치르기 힘든 집안행사가 자주 닥쳐옴을 비유한 말이다.

가는 말이 고와야 오는 말이 곱다

[속담]

□□□ [고사성어 한마디]

西瓜皮舐(서과피지) '수박 겉핥기'란 뜻으로, 사물의 내용은 모르는 채 겉만 건드림을 이르는 말.

자기가 먼저 남에게 좋게 해 주어야 남도 자기에게 좋게 해준다는 말. 스스로 해주는 것도 없이 또는 욕되게 하면서 좋은 것을 바래서는 안 된다는 경구.

가는 방망이 오는 홍두깨

[속담]

남을 조금 건드렸다가 도리어 크게 다친다는 말. "되로 주고 말로 받는다"는 말도 있다. 남을 해치려다가 자기가 오히려 더 큰 화를 입는 것의 비유이다.

가는 손님은 뒤꼭지가 예쁘다

[속담]

손님이 빨리 떠나는 것이 속마음으로 고맙다는 말. 손님이 어려워 직접 떠나라고 말은 못하고 있다가 손님이 스스로 떠난다기에 반가워 함의 비유.

가는 토끼 잡으려다가 잡은 토끼 놓친다

[속담]

너무 욕심을 부리면 도리어 이미 이루어 놓은 일까지 실패로 돌아가고 아무것도 성취하지 못한다는 비유이다.

□□□ [고사성어 한마디]

釋階登天(석계등천) 사다리를 버리고 하늘에 오르려 한다는 뜻으로, 불가능한 일의 비유.

가자니 태산이요, 돌아서자니 숭산(嵩山)이라

[속담]

어려움이 앞뒤로 겹쳐 있어서 오도가도 못한다는 말. 사태의 해결이 난감하여 어떠한 방안도 신통치 않음의 비유이다.

가랑잎에 불붙기

[속담]

가랑잎은 불이 붙으면 순식간에 다 타 버린다. 너무나 잘 타서 걷잡기 어렵다는 뜻으로 성질이 조급하고 아량이 적은 사람을 비유한 말이다.

가랑잎이 솔잎더러 바스락거린다고 한다

[속담]

자기 허물은 생각지도 않고 도리어 남의 허물만을 나무란다는 뜻이다.

가래터 종놈 같다

[속담]

가래질하는 마당의 종놈처럼 무뚝뚝하고 거칠어서 도무지 예의범절을 모른다는 말.

□□□ [고사성어 한마디]

先見之明(선견지명) 앞일을 미리 내다보는 지혜.

가루는 칠수록 고와지고 말은 할수록 거칠어진다

[속담]

가루는 체에 칠수록 고와지지만 말은 이 입에서 저 입으로 옮아갈수록 보태어지고 과장되어 거칠어진다는 뜻으로, 말이 많음을 경계하는 말이다.

가루 팔러 가니 바람이 불고 소금 팔러 가니 이슬비 온다

[속담]

세상 일이란 뜻대로 되지 않고 빗나가는 수가 많다는 말. 무슨 일에 마가 끼어서 잘 안 된다는 비유이다.

가시어미 눈멀 사위

[속담]

제주도의 풍습에 사위가 찾아오면 국을 끓여주느라고 연기와 김으로 눈이 멀 지경이라는 뜻으로 국을 매우 좋아하는 사람을 두고 이르는 말이다.

가지나무에 목을 맨다

[속담]

□□□ [고사성어 한마디]

善供無德(선공무덕) 부처에게 공양해도 아무 소용이 없다는 뜻으로, 남을 위해 힘써도 별로 소득이 없음을 이르는 말.

몹시 딱하거나 서러워서 목맬 나무의 크고 작음을 가리지 않고 죽으려 한다는 뜻. 이것저것 가릴 처지가 아니라는 의미.

가지 따먹고 외수(外數)한다

[속담]

남의 눈을 피해 좋지 않은 짓을 하고는 시치미를 뗀다는 뜻.

가지 많은 나무에 바람 잘 날이 없다

[속담]

가지가 많고 잎이 무성한 나무는 약한 바람에도 흔들린다. 이처럼 자식을 많이 둔 어버이도 근심이 끊일 날이 없다는 비유이다.

가진 돈이 없으면 망건 꼴이 나쁘다

[속담]

지니고 다닐 만한 돈이 없으면 겉모양도 허술해 보이고 마음이 떳떳하지 못하다는 말.

각관(各官) 기생 열녀 되랴

[속담]

□□□ [고사성어 한마디]

仙姿玉質(선자옥질) 신선의 자태에 옥의 바탕이란 뜻으로, 외모, 심성이 아주 고운 사람의 비유.

각관은 각 관아, 모든 관아(마을)의 의미. 본시 타고난 대로 되는 것이지 애를 쓴다고 무조건 밑바탕도 없이 훌륭하게 될 수는 없다는 말.

간에 기별도 아니 간다

[속담]

양이 너무나 적어서 먹은 것 같지도 않음을 비유한 말.

간에 붙었다 쓸개에 붙었다 한다

[속담]

지조가 없이 형편에 따라 이편에 붙었다가 저편에 붙었다가 한다는 말.

갈바람에 곡식이 혀를 빼물고 자란다

[속담]

가을이 오려고 서풍이 불기 시작하면 곡식들은 놀랄 만큼 빨리 자라서 익어 간다는 말. 갈바람은 서풍 또는 서남풍을 뱃사람들이 일컫는 말이다.

강아지 똥은 똥이 아닌가

[속담]

□□□ [고사성어 한마디]

先入爲主(선입위주) ① 선입관을 주장으로 삼음. ② 기서의 개념은 깨기 어려움.

다소의 차이는 있을지라도 본질에 있어서는 마찬가지라는 말. 나쁜 일을 조금 하였다 하여 발을 뺄 수는 없다는 말.

강철이 지나간 데는 가을도 봄이라

[속담]

강철이 지나간 곳에는 결실을 맺은 초목이나 곡초라도 말라 죽는다는 뜻으로, 운수가 기박한 사람은 팔자가 사나와서 가는 곳마다 불행한 사고가 연발함을 비유한 말.

강아지 메주멍석 맡긴 것 같다.

[속담]

어떤 일이 믿지 못할 사람에게 넘어갔을 때 마음이 놓이지 않음을 일컫는 말.

같은 값이면 과부집 머슴살이

[속담]

같은 값이면 자기에게 좀더 이롭고 편한 것을 택한다는 말.

같은 값이면 다홍치마

[속담]

□□□ [고사성어 한마디]

先憂後樂(선우후락) 근심할 일은 남보다 먼저 근심하고 즐길 일은 남보다 나중에 즐긴다는 뜻으로, 지사(志士) 인인(仁人)의 마음가짐을 이르는 말.

같은 값이면 품질이 좋은 것을 가진다는 말. 또는 이왕이면 조금이라도 자기와 관계가 있는 사람의 물건을 팔아준다는 말. 동가홍상(同價紅裳).

개같이 벌어서 정승같이 먹는다

[속담]

"개같이 벌어서 정승같이 산다" "개같이 벌어서 정승같이 쓴다"고도 함. 미천하게 벌어서라도 떳떳이, 보람되게 산다는 말. 직업의 귀천을 가리지 않고 열심히 벌어서 값지게 쓰라는 말. 돈을 버는데는 이것저것 가리지 말고 쓸 때는 소중하고 보람있게 쓰라는 말.

개똥도 약에 쓰려면 없다

[속담]

아무데나 널려 있는 개똥도 쓰려고 찾으면 눈에 잘 안 띈다는 말로 아무리 흔한 것일지라도 막상 소용이 있어서 찾으면 없다는 뜻.

개미 쳇바퀴 돌듯 한다

[속담]

뱅뱅 돌아서 항상 제자리로 돌아온다는 뜻으로 아무런 진보가 없다는 비유. 또는 끝간데를 모름을 가리키는 말.

□□□ [고사성어 한마디]

舌芒於劍(설망어검) 혀끝이 칼날보다 날카롭다는 뜻.

개발에 주석편자

[속담]

"개발에 토수" "개발에 편자"라고도 함. 개발에 편자가 어울리지 아니하듯 의복이나 기구·격식이 격에 맞지 아니함을 이르는 말. "거적문에 돌쩌귀"라는 표현도 있다.

고진감래(苦盡甘來)에 흥진비래(興盡悲來)

[속담]

고생 끝에 낙이 오고 즐거운 일이 다하면 슬픈 일이 온다는 뜻으로 좋은 일과 궂은 일은 돌고 돈다는 말.

고집불통이면 폐가망신

[속담]

사람이 융통성이 없고 고집만 내세우면 집안 망하고 몸망치는 결과를 가져온다는 뜻으로 고집불통인 자를 경계한다는 말.

과부사정은 과부가 안다

[속담]

□□□ [고사성어 한마디]

聲東擊西(성동격서) 동쪽을 칠듯이 말하고 실제로는 서쪽을 친다는 뜻으로, 상대방을 기만하여 기묘하게 공략함의 비유.

"과부 사정은 홀아비가 안다" "과부설움은 동무 과부가 안다"고도 함. 같은 처지에 놓여 있지 않으면 그 실정을 알 수 없다는 말.

구렁이 담넘어가듯

[속담]

일을 처리하는데 태도를 명확히 하지 아니하고 남이 모르는 사이에 음흉하게 슬그머니 해치우는 모양.

구르는 돌에는 이끼가 안 낀다

[속담]

구르지 않고 한자리에 가만히 있는 돌에는 이끼가 끼듯이 사람도 자주 활동하지 않으면 폐인이 된다는 말. 직업이나 장사 업종을 자주 바꾸면 돈을 모을 수 없다는 비유로도 쓰인다.

궁하면 통한다

[속담]

매우 궁박한 처지에 이르면 도리어 펴날 도리가 생긴다는 말.

□□□ [고사성어 한마디]

盛者必衰(성자필쇠) 세상은 덧없어서 한번 성한 자는 반드시 쇠할 때가 있다는 말.

귀한 자식 매로 키워라

[속담]

자식이 귀할수록 매로 때려서라도 사람되게 버릇을 잘 가르쳐야 한다는 말.

극락길을 버리고 지옥길을 간다

[속담]

착한 일을 하지 아니하고 나쁜 짓을 하여 스스로 지옥길을 택한다는 뜻. 또는 이익이 되는 순탄한 방법을 버리고 위험하고 해로운 길을 택함을 비유하는 말.

급하기는 우물에 가 숭늉 달라겠다

[속담]

급한 것만 생각하고 사물의 절차를 분간하지 못함의 비유.

급하면 바늘 허리에 실 매어 쓸까

[속담]

아무리 급해도 바늘 허리에 실 매어 쓸 수는 없다. 급한 일이 생기더라도 사리에 맞게 순서를 밟아야 한다는 말.

□□□ [고사성어 한마디]

星火燎原(성화요원) 별똥처럼 작은 별이 들을 태운다는 뜻으로, 사소한 것을 방치하면 나중에 엄청난 결과를 가져온다는 말.

급하면 관세음보살을 윈다

[속담]

중이건 속인이건 으레 급하면 관세음보살을 외는데, 그보다는 오히려 평소에 위험에 대비하여 급한 일을 당하더라도 당황하지 않게 하라는 말.

기침에 재채기

[속담]

일이 공교롭게 되었음을 일컫는 말. 하는 일마다 모두 마가 끼어 낭패 봄을 이르는 말.

길이 아니면 가지를 말고 말이 아니거든 듣지를 말라

[속담]

언행을 소홀히 하지 말고 정도를 벗어나는 일은 처음부터 하지 말라는 말.

떡줄 사람은 아무말도 없는데 김칫국부터 마신다

[속담]

상대편의 속도 모르고 지레 짐작으로 그렇게 될 것으로 믿고 행동함을 이르는 말.

□□□ [고사성어 한마디]

笑裏藏刀(소리장도) 웃음속에 칼을 감춘다는 뜻으로, 말은 좋게 하나 속으로는 해칠 뜻을 가짐의 비유.

깊고 얕은 물은 건너보아야 한다

[속담]

세상일은 직접 겪어보아야 알 수 있으며 사람도 실제로 사귀어 보아야 알 수 있다는 말.

까마귀가 검기로 마음도 검겠나

[속담]

겉모양은 허술하고 지저분하여도 속마음은 깨끗하고 훌륭하다는 말. 사람을 평할 때에 겉모양만 보고 판단해서는 안 된다는 말.

까마귀 날자 배 떨어진다

[속담]

아무런 관계도 없이 한 일이 마침 어떤 다른 일과 공교롭게도 일치하여 어떤 관계가 있는 것처럼 의심을 받게 됨을 비유하는 말. 오비이락(烏飛梨落).

꼬기는 칠팔월 수수잎 꼬이듯

[속담]

□□□ [고사성어 한마디]

小水之魚(소수지어) 작은 웅덩이의 물고기란 뜻으로, 목숨의 위험이 눈앞에 닥침의 비유.

심술이 사납고 마음이 토라진 사람을 이르는 말. 의사 표시를 솔직하게 하지 아니하고 우물쭈물함을 이르는 말.

꼬리 먼저 친 개가 밥은 나중에 먹는다

[속담]

남보다 먼저 서두르고 나서면 도리어 남보다 뒤떨어지는 수가 있음을 이르는 말.

꼴같지 않은 말은 이도 들쳐보지 않는다

[속담]

겉모양이 제대로 생기지 않은 말은 나이를 세려고 이를 들쳐보지도 않고 살 생각을 않는다 함이니, 외모와 언동이 점잖지 못한 자는 자세히 알아볼 필요도 없다는 말.

꽃 본 나비 담 넘어가랴

[속담]

그리운 사람을 본 이가 그냥 지나쳐 버릴 리가 없다는 말.

꽃 본 나비 불을 헤아리랴

[속담]

□□□ [고사성어 한마디]

小人革面(소인혁면) '소인은 변화의 선명성, 자재성이 부족하여 단지 그 얼굴빛만을 고칠뿐'이란 뜻.

남녀간의 정이 깊으면 비록 죽을 위험이 있다 하더라도 찾아 함께 즐김을 이르는 말.

꽃이라도 십일홍되면 오던 봉접(蜂蝶)도 아니온다

[속담]

세도가 좋을 때는 늘 찾아오던 사람이 이 쪽이 영락하게 되면 들여다 보지도 않는다는 말.

꾸부렁한 나무도 선산(先山)을 지킨다

[속담]

굽은 나무는 베어가지 않기 때문에 나중까지 남아서 도리어 중요한 구실을 한다는 뜻으로, 일견 못난듯이 보이는 사람이나 물건이 도리어 쓸모있음을 이르는 말.

나는 바담풍 해도 너는 바람풍 해라

[속담]

바람풍(風)자를 바담풍으로 발음하는 훈장의 연설. 자기 스스로가 잘못하면서도 남보고는 잘하라고 명령한다는 의미. 남의 잘못을 바로잡아 주려고 할 때 먼저 자기 잘못이 드러나 그것을 숨기려고 하나 가려지지 않는다는 말.

□□□ [고사성어 한마디]

笑者難測(소자난측) 언제나 웃고 있는 사람은 그 진의가 어디에 있는지 헤아리기 어렵다는 말.

나라님이 약 없어 죽나

[속담]

제 아무리 좋은 약을 쓰고 극진한 간호를 하여도 죽을 살람이면 죽는 것이요, 약을 아니 쓰고 내버려 두어도 살려면 나아서 일어난다는 말. 약도 변변이 못써보고 죽게 했다고 서러워하는 사람에게 위로하는 말.

낙락장송도 근본은 종자

[속담]

낙락장송(落落長松)은 가지가 축축 길게 늘어지고 키가 큰 소나무를 말한다. 아무리 훌륭한 사람이라도 처음은 다 같은 평범한 사람이지만 노력과 재질의 발휘로 그렇게 되었다는 말. 대단한 일도 그 첫시작은 아주 보잘것 없음을 이르는 말.

나는 새에게 여기 앉아라 저기 앉아라 할 수 없다

[속담]

제뜻대로 날아다니는 새를 이 편의 생각대로 움직이게 할 수 없다 함이니, 저마다 의지가 있는 사람의 자유를 구속할 수는 없다는 말.

□□□ [고사성어 한마디]

速戰卽決(속전즉결) 지구적(持久的) 장기전을 피하고 속전으로써 전국(戰局)을 빨리 판가름하려는 일.

내리사랑은 있어도 치사랑은 없다

[속담]

웃사람은 아랫사람의 작은 과실쯤은 관대히 보아 주어야 한다는 말. 웃사람이 아랫사람을 사랑하는 수는 있어도 아랫사람이 웃사람을 사랑하기는 어렵다는 말.

노장은 병담을 아니하고 양고(良賈)는 심장(心臟)한다

[속담]

노련한 장수는 군사에 관하여 함부로 말을 하지 아니하고 훌륭한 상인은 좋은 물건을 깊이 감추어 두고 판다는 뜻으로, 곧 어진 사람은 그 뛰어난 재주나 덕을 함부로 자랑하지 아니한다는 말.

노적가리에 불지르고 싸라기 주워 먹는다

[속담]

노적가리는 한데에 쌓아 둔 곡식더미. 큰 것을 잃고 작은 것을 아끼는 사람을 비웃어 이르는 말.

누이 믿고 장가 안 간다

[속담]

□□□ [고사성어 한마디]

巽與之言(손여지언) 남의 마음을 거스르지 않는 온화한 말씨.

누이와 결혼할 목적으로 다른 혼처에는 눈을 뜨지 아니한다는 뜻으로, 도저히 불가능한 일만을 하려고 다른 방책을 세우지 아니하는 어리석음을 비유하는 말.

단솥에 물붓기

[속담]

불에 달아 뜨거워진 솥에 물을 부어야 이내 음식이 익는다. 이와 마찬가지로 어느 정도 무르익은 것에 도움을 가하면 쉽게 이룰 수 있으나 형편이 이미 기울어 버리면 도와 주어도 보람이 없음을 일컫는 말.

달도 차면 기운다

[속담]

세상의 온갖 것이 한번 성하면 다시 줄어든다는 말.

달고 치는데 안 맞는 장사가 있나

[속담]

아무리 강한 사람이라도 여러 사람의 합심에는 대항할 수 없다는 뜻.

□□□ [고사성어 한마디]

松茂栢悅(송무백열) 소나무가 무성하면 잣나무가 기뻐한다는 뜻으로, 남이 잘되는 것을 기뻐함의 비유.

달면 삼키고 쓰면 뱉는다

[속담]

사리의 옳고 그름이나 신의를 돌아보지 않고 이익만 꾀한다는 뜻. 감탄고토(甘呑苦吐)

더벅머리 댕기치레하듯

[속담]

본바탕이 좋지 않은데 당치도 않게 겉치레를 하여 오히려 꼴만 사나운 모양. 더벅머리는 더부룩하게 흩어져 지저분해 보이는 머리를 말함.

더위 먹은 소 달만 보아도 헐떡인다

[속담]

"자라보고 놀란 가슴 솥뚜껑보고 놀란다"와 같은 뜻. 어떤 사물에 한번 크게 놀란 사람은 비슷한 사물만 보아도 놀라는 것의 비유.

도둑을 맞으려면 개도 안 짖는다

[속담]

□□□ [고사성어 한마디]

水鏡無私(수경무사) (물)거울처럼 사물을 거짓없이 그대로 비춘다는 뜻으로 사사로움이 조금도 없음의 비유.

운수가 나쁘면 될 일도 뜻대로 아니됨을 이르는 말. 뜻밖의 낭패를 볼 때나 맹랑한 잘못을 저지를 때는 제 정신도 흐릿해지고 남의 깨우침도 없다는 말.

도둑놈은 한죄, 잃은 놈은 열 죄

[속담]

도둑은 물건을 훔친 죄 하나밖에 없으나 도둑맞은 사람은 간수를 잘 하지 못한 죄, 훔칠 마음을 일으키게 한 죄, 남을 의심하는 죄 등 여러가지 죄를 면치 못한다는 말.

돌을 차면 발부리만 아프다

[속담]

"돌부리 걷어차면 발끝만 아프다." 화가 난다고 해서 아무 관계도 없는 일에 분풀이를 하면 오히려 자기에게 해가 미친다는 말. 역경을 참지 아니하고 거스르면 더 괴로움을 받는다는 말.

드문드문 걸어도 황소걸음

[속담]

진도는 느리나 오히려 믿음직스럽고 속이 알차다는 말.

□□□ [고사성어 한마디]

隨絲蜘蛛(수사지주) 줄 따르는 거미란 뜻으로, 서로 떨어져 살 수 없는 긴밀한 관계를 이르는 말.

도는 개는 배채우고 누운 개는 옆챈다

[속담]

활동하면 얻는 바가 있지만 누워서 게으름이나 피우면 옆구리나 채이기 마련이다. 사람은 스스로 활동하고 일을 해야만 재물을 얻게 되는 것이고, 가만히 누워 있는 자에게는 절대로 재물이 굴러 들어오지는 않는다.

돌절구도 밑빠질 날이 있다

[속담]

아무리 튼튼한 것이라도 오래 쓰면 망가지는 법이다. 명문의 일족이라 하더라도 영원히 명문일 수는 없고 달도 차면 기울듯이 언젠가는 몰락한다.

듣기 좋은 이야기도 늘 들으면 싫다

[속담]

아무리 재미있는 이야기라도 자주 들으면 싫증이 나듯 좋은 일이라도 여러 번 되풀이하면 싫증이 남을 이르는 말.

들은 귀는 천년이요, 한 입은 사흘이라

[속담]

□□□ [고사성어 한마디]

垂直思考(수직사고) 수평사고에 대해서 종래의 사고형식을 구별해서 말하는 호칭. 즉 어떤 문제를 설정했을 때에 지배적인 어떤 아이디어의 테두리 안에서 생각하는 일.

모진 말을 한 자는 곧 잊어 버리나 그것을 들은 자는 좀처럼 잊지 못한다. 입에서 나오는 말이라고 함부로 하지 말라는 선인들의 경구이다.

드는 정은 몰라도 나는 정은 안다

[속담]

정이 들 때는 드는 줄 모르게 들어도 정이 떨어져 싫어질 때는 역력히 알 수 있다는 말. 정이 들 때는 드는 줄 몰라도 막상 헤어질 때는 그 정이 얼마나 두터웠던가를 새삼 알게 된다는 말.

드는 줄은 몰라도 나는 줄은 안다

[속담]

재물이나 식구가 늘어나는 것은 눈에 잘 뜨이지 않으나 그것이 줄어들거나 나가는 것은 잘 뜨인다는 말.

들어서 죽 쑨 놈은 나가도 죽 쑨다

[속담]

집에서 일만 하던 사람은 나가도 일만 하게 된다. 집에서 하던 버릇은 집을 나서도 버리지 못한다. 습관의 중요성을 강조한 말이다.

□□□ [고사성어 한마디]

隨處爲主(수처위주) 어디서든지 경우에 좌우되지 않고 자기의 주체성을 잃지 않음.

등겨 먹던 개는 들키고 쌀 먹던 개는 안 들킨다

[속담]

크게 나쁜 일을 한 자는 들키지 아니하고 그리 크지 아니한 죄를 저지른 자가 애매하게 남의 허물까지 뒤집어 쓰게 된 것을 비유하는 말. 똥싼 놈은 달아나고 방귀뀐 놈이 잡히었다.

등치고 간 내먹다

[속담]

겉으로는 위해주는 체하면서 속으로는 해를 끼친다는 뜻.

때리는 시어머니보다 말리는 시누이가 더 밉다

[속담]

겉으로는 자기를 위해 주는 체하면서 속으로 해하는 사람이 더 밉다는 뜻.

똥누는 놈 주저앉히기

[속담]

대항할 힘 없는 상대를 짓눌러, 기어코 못된 구렁텅이에 밀어 넣는 고약한 심사와 잔인한 행동을 이르는 말.

□□□ [고사성어 한마디]

水平思考(수평사고) 어떤 문제르 해결함에 있어서 종래 생각되어 온 한가지만의 수단에 구애되지 아니하고 다른 여러가지 각도에서 결론을 내리려고 하는 사고방식.

똥누고 간 우물도 다시 먹을 날이 있다

[속담]

두 번 다시 그 사람에게 신세지지 않을 것처럼 혹독하게 괄시하여도 오래지 않아 또다시 찾아가서 부탁할 일이 생기기 마련이니, 사람은 누구에게나 항상 좋게 대하라는 말.

똥누러 갈 적 마음 다르고 올 적 마음 다르다

[속담]

자기 일이 아주 급한 때와 그 일을 무사히 다 마친 때와는 남을 대하는 마음이 다른다는 말.

뛰는 놈이 있으면 나는 놈이 있다

[속담]

"뛰는 놈 위에 나는 놈이 있다." 아무리 재주가 뛰어나다 하더라도 그보다 더 뛰어난 사람이 있다는 뜻으로 스스로 뽐내는 사람을 경계하여 이르는 말.

맑은 물에 고기 안 논다

[속담]

□□□ [고사성어 한마디]

熟讀玩味(숙독완미) 글의 뜻을 잘 생각하여 읽고 시문의 의미를 잘 음미함.

청렴결백도 도가 지나치면 사람이 따르지 아니한다는 말. 사람이 너무 깔끔하면 주위에 친구가 모여들지 않고 재물이 따르지 않는다는 말.

망둥이가 뛰니까 전라도 빗자루도 뛴다

[속담]

남이 한다고 아무 관련도 없고 그럴 처지도 못되는 사람이 덩달아 날뛴다는 말. "낙동강 잉어가 뛰니까 사랑방 목침이 뛴다"는 말도 있다.

매끝에 정든다

[속담]

매를 맞거나 혼이 난 뒤에 더 사이가 가까와진다는 말.

매도 먼저 맞은 놈이 낫다

[속담]

당해야 할 일이라면 먼저 치르는 편이 낫다는 말.

매화도 한철 국화도 한철

[속담]

□□□ [고사성어 한마디]

菽麥不辨(숙백불변) 콩인지 보리인지 분간할 줄 모른다는 뜻으로, 매우 어리석은 사람의 비유.

모든 것은 한창 때가 따로 있으나 반드시 쇠하고 마는데는 다름이 없다는 뜻.

먹을 가까이 하면 검어진다

[속담]

좋지 못한 사람과 사귀면 악에 물들게 된다. 근묵자흑(近墨者黑)

메고 나면 상두꾼, 들고 나면 초롱꾼

[속담]

이미 영락한 몸이 무슨 일인들 못하겠느냐는 말. 어떠한 천한 일도 부끄러워할 것이 아니며 경우에 따라서는 무슨 일이라도 할 수 있다는 말.

모난 돌이 정맞는다

[속담]

두각을 나타내는 사람이 남에게 미움을 받거나, 강직한 사람이 남의 공박을 받는다는 말. 너무 나서거나 혼자 지나치게 독주하면 주위로부터 공격당하기 쉽다는 뜻으로도 쓰인다.

□□□ [고사성어 한마디]

熟柿主義(숙시주의) 감이 익어서 저절로 떨어지듯 일이 저절로 잘 되거나 가만히 있어도 일권이 자기에게 돌아올 때를 기다리는 주의.

물은 건너 보아야 알고 사람은 지내 보아야 안다

[격언]

사람의 마음은 외양으론 알 수 없는 것으로 서로 교제하여 경험하여야 비로소 알 수 있다는 말.

믿었던 돌에 발부리 채인다

[속담]

단단히 믿고 있던 일이 틀어지거나 틀림없다고 굳게 믿었던 사람에게 배반당했을 때 이르는 말.

믿는 나무에 곰이 핀다

[속담]

잘 되리라 믿고 있던 일에 뜻밖의 파탄이 생김을 이르는 말.

밤새도록 물레질만 하겠다

[속담]

본래의 계획이 있는데 딴 일만 하게 되는 경우의 비유. 본제로 들어가지 않고 겉만 맴돌 때를 비유하는 말.

□□□ [고사성어 한마디]

升斗之利(승두지리) 대수롭지 않은 이익.

밤새도록 울다가 누가 죽었느냐고 한다

[속담]

"밤새도록 통곡을 해도 어떤 마누라 초상인지 모른다." 무슨 영문인지도 모르고 그 일에 참여하고 있는 어리석음의 비유. 밤새우고 통곡하고도 누구의 초상인지 모르듯이, 어떤 일을 죽도록 하고도 그 일이 무엇인지, 왜 하는지 모른다는 말.

배부른 흥정

[속담]

아쉬움이 없이 급히 서둘지 아니하고 배짱을 퉁겨가면서 마음에 차면 하고 싫으면 아니하는 흥정. 또는 그런 식으로 일을 처리함을 일컫는 말.

백문 불여일견(百聞 不如一見)

[속담]

백번 듣는 것이 한번 보는 것만 못하다는 뜻으로 무엇이든 실제로 경험해야 확실히 안다는 뜻.

벙어리 냉가슴 앓듯

[속담]

□□□ [고사성어 한마디]

述者之能(술자지능) 문장이 잘되고 못됨은 저술자의 재능에 달렸다는 뜻으로, 습관이 제2의 천성이 된다는 말.

답답한 사정이 있어도 남에게 말하지 못하고 혼자서만 괴로워하며 걱정한다는 말.

뿌리없는 나무에 잎이 필까

[속담]

원인이 없이는 결과가 있을 수 없다는 말.

사생(死生) 유명(有命)이요, 부귀 재천(在天)이라

[속담]

죽음과 삶, 부귀빈천은 모두 정해져 있는 것이니 억지로 할 수 없다는 말.

산속에 있는 열놈의 도둑은 잡아도 제 마음속에 있는 한놈의 도둑은 못잡는다

[속담]

마음속의 좋지 못한 생각을 고치기가 어렵다는 말.

산에 가야 꿩을 잡고 바다엘 가야 고기를 잡는다

[속담]

□□□ [고사성어 한마디]

習以性成(습이성성) 습관이 쌓여서 마침내 그 사람의 성질이 된다는 뜻으로, 습관이 제2의 천성이 된다는 말.

탁상공론을 해보아 아무 소용이 없다. 직접 발벗고 나서서 실제로 힘을 들여 해야 한다는 말.

살은 쏘고 주워도 말은 하고 못 줍는다

[속담]

화살은 쏘아도 찾을 수 있지만 말은 다시 수습할 수 없다는 말. 큰 말을 삼가하라는 뜻.

살림에는 눈이 보배라

[속담]

가정 생활에는 일일이 감시함이 제일이라는 말. 살림을 잘 하려면 안목이 있어야 한다는 말.

삼경(三更)에 만난 액이라

[속담]

삼경은 하룻밤을 다섯등분한 세제. 즉 밤 11시부터 오전 1시까지의 사이로, 깊은 밤중, 즉 하루를 무사히 지냈다고 할 수 있는 무렵에 맞이하는 액을 뜻하는 것이니, 안심하고 있을 때 뜻밖에 사나운 운수가 닥쳤다는 말.

□□□ [고사성어 한마디]

時機尙早(시기상조) 시기에 아직 이름. 아직 때가 덜 되었다는 말.

삼년 구병에 불효난다

[속담]

아무리 자식된 몸이라도 긴 병으로 인해 여러 해 누워 앓는 그 어버이의 병을 계속 간호하다 보면 종말에는 도리어 불효의 경지에까지 이르게 된다는 말로, 무슨 일이나 한두 번이지 그 도수가 너무 여러 번이면 한결같이 대우할 수 없음을 일컫는 말.

삼십육계에 줄행랑이 제일

[속담]

어려울 때는 도망하여 화를 피하고 몸을 보존하는 것이 상책이라는 말.

삼정승 부러워하지 말고 내 한몸 튼튼히 가지라

[속담]

헛된 욕심을 갖지 말고 제 몸의 건강에 대해서나 주의하라는 말. 웃사람에게 아첨하지 말고 원칙적 입장에서 제 할일이나 잘 하라는 뜻.

상 뒷술로 벗 사귄다

[속담]

□□□ [고사성어 한마디]

市道之交(시도지교) 시장이나 거리에서의 사귐이란 뜻으로, 단지 자기의 이익만을 목적으로 하는 교제를 이르는 말.

남의 집의 음식으로 자기의 친구를 대접한다는 말로 체면이 없는 사람을 두고 이르는 말. "상두술로 벗사귄다"는 말도 있음.

상놈의 발 덕, 양반의 글 덕

[속담]

양반은 학식의 덕으로 살아가고 학식없는 사람은 발로 걷고 노동을 하여 살아간다는 말.

상시에 먹은 마음 취중에 난다

[속담]

술에 취하게 되면 평소에 마음 먹었던 일이 언행에 나타난다는 말. 취중이라 하더라도 그 말이 평상시의 속마음을 나타내는 것이니 말은 조심해야 하고 취중의 언사도 무시할 수 없는 것이라는 의미이다.

새도 가지를 가려서 앉는다

[속담]

나는 새도 앉을 때는 장소를 살피듯이 사람은 친구를 사귀거나 직업을 취함에 있어서도 잘 가려야 한다는 말.

□□□ [고사성어 한마디]

是是非非(시시비비) 공평무사하게 옳은 것은 옳다하고 그른 것은 그르다고 판단함.

상전벽해(桑田碧海)되어도 비켜설 곳 있다

[속담]

상전벽해는 뽕나무밭이 변하여 푸른 바다가 된다는 말이다. 즉 세상의 모든 일이 덧없이 변천함을 비유하는 말이다. 아무리 큰 재난 속에서도 살아날 희망은 있다는 말. 하늘이 무너져도 솟아날 구멍은 있다.

새잡아 잔치할 것을 소잡아 잔치한다

[속담]

조그마한 주의를 게을리하여 큰 손해를 보았을 때 이르는 말. 호미로 막을 것을 가래로 막는다. 기와 한장 아끼다 대들보 썩힌다는 말도 있다.

새벽달 보려고 어스름달 안 보랴

[속담]

아직 다가오지 아니한 미래의 일만 믿고 지금 당장의 일을 무시할 수 없다는 말. 훗장에 소다리 먹으려고 이 장에 개다리 안먹을까와 같은 뜻.

세살적 버릇이 여든까지 간다

[속담]

□□□ [고사성어 한마디]

鰣魚多骨(시어다골) 준치는 맛은 좋으나 가시가 많다는 뜻으로, 좋은 일의 한편에는 좋지 않은 성가신 일이 있다는 말.

어릴 때의 몸에 밴 버릇은 나이를 먹어도 좀처럼 고치기 어렵다는 뜻. 곧 어릴 때부터 버릇을 잘 가르쳐야 함을 이르는 말.

쇠뿔도 단김에 빼랬다

[속담]

어떤 일을 하려고 생각하였으면 망설이지 말고 곧 행동으로 옮기라는 말.

십년 세도 없고 열흘 붉은 꽃 없다

[속담]

부귀영화가 오래 지속되지 못한다는 뜻.

씨도둑은 못한다

[속담]

지녀온 내력은 아무도 없애지 못한다는 뜻. 부전자전을 일컫는다. 아비와 자식은 얼굴이나 성질이 서로 비슷한 데가 많다는 유전의 법칙은 속일 수 없다는 말.

씨뿌린 자는 거두어야 한다

[속담]

□□□ [고사성어 한마디]

始終一貫(시종일관) 처음부터 끝까지 한결같이 관철함.

원인을 만든 사람은 결과를 감수해야 한다는 말.

아내가 귀여우면 처가집 말둑보고 절을 한다

[속담]

아내가 귀여우면 그녀의 주위에 있는 보잘 것 없는 것까지도 고맙게 보인다는 말. 어떤 사람에게 혹하여 정신이 없으면 사리가 어두워져 실수를 한다는 말.

안벽치고 밭벽친다

[속담]

겉으로는 도와주는 체하고 속으로는 방해함을 이르는 말. 이 편에 가서는 이렇게 말하고 저 편에 가서는 저렇게 말하여 둘 사이에 이간을 부린다는 말.

안팎 곱사등이 굽도 젖도 못한다

[속담]

진퇴양난에 빠지다. 하는 일마다 막히고 어찌할 방도가 없어서 옴치고 뛸 수 없게 된 형편을 이르는 말이다.

아는 길도 물어 가랬다

[속담]

□□□ [고사성어 한마디]

施行錯誤(시행착오) 과제가 어려워 해결할 전망이 서지 않을 때, 시도와 실패를 반복하며 차츰 목적에 다가가는 일.

쉬운 일이라도 소홀히 하지 말고 신중을 기하라는 말.

앞문으로 호랑이를 막고 뒷문으로 승냥이를 불러들인다

[속담]

겉으로 공명정대한 체하나 뒷구멍으로 불의한 짓을 한다는 뜻.

약방에 감초

[속담]

어떤 일에도 빠짐없이 참석하는 사람이나 꼭 필요한 물건에 비유하는 말.

약빠른 고양이가 밤눈 어둡다

[속담]

약빠른 고양이가 앞을 못본다. 지나치게 약게 굴면 도리어 판단을 그르쳐 기회를 놓치는 수가 있다는 말.

양지가 음지되고 음지가 양지된다

[속담]

□□□ [고사성어 한마디]

食前方丈(식전방장) 사방 열 자 짜리 상에 잘 차린 음식이란 뜻으로, 호화롭게 많이 차린 성찬을 이름.

세상일이란 바뀌고 도는 법, 그늘에서 고생한 날이 있으면 양지에서 호강하는 날이 있으니 희망을 잃지 말라는 뜻. 또는 자신의 나은 처지가 항상 계속될 것이라 여기고 있는 사람을 책하는 말.

어느 구름에 눈이 들고 어느 구름에 비가 들었나

[속담]

언제 무엇이 어떻게 될지 미래의 일에 대해서는 알 수 없다는 말. 일의 결과는 미리 짐작할 수 없다는 말.

어둔 밤에 눈 꿈적이기

[속담]

남을 위하여 일을 하여도 그 사람이 고맙게 여기지 아니함을 가리키는 말. 남이 보지 못하기에 하는 것이 아무 효력이 없다는 말.

오리 새끼는 길러 놓으면 물로 가고 꿩 새끼는 산으로 간다

[속담]

자식은 다 크면 제 갈 길을 찾아 부모 곁을 떠난다는 말. 저마다 타고난 바탕대로 행동함의 비유.

□□□ [고사성어 한마디]

紳士協定(신사협정) ① 비공식의 국제협정. ② 상호간에 상대방을 신뢰하여 맺는 사적인 비밀협정.

옥불탁(玉不琢)이면 불성기(不成器)

[속담]

아무리 소질이 좋아도 그 소질을 잘 닦고 기르지 않으면 훌륭한 것이 못된다는 뜻.

옥에도 티가 있다

[속담]

아무리 훌륭한 사람이나 물건이라도 한두가지의 결점은 있다는 뜻.

올챙이 개구리 된 지 몇 해나 되나

[속담]

무슨 일에 조금 익숙하여진 사람이나 가난하게 지내다가 겨우 좀 핀 사람이 지나치게 젠 체함을 핀잔주는 말.

올챙이 적 생각은 못하고 개구리된 생각만 한다

[속담]

성공한 사람이 그 전의 미천하던 때 적은 생각지 않고 오만한 행동을 한다는 뜻.

□□□ [고사성어 한마디]

身上必罰(신상필벌) 상벌을 규정대로 무사 엄정하게 하는 일.

옷은 새옷이 좋고 사람은 옛사람이 좋다

[속담]

"옷은 새옷이 좋고 님은 옛님이 좋다." 옷은 깨끗한 새것이 좋고 사람은 오래 사귀어 정이 두터운 사람이 좋다는 뜻.

옷이 날개이고 밥이 분이다

[속담]

옷을 잘 입어야 풍채가 좋아지고 밥을 잘 먹어야 신수가 좋아진다는 말.

옷이 날개라

[속담]

옷이 좋으면 인물이 한층 더 훌륭하게 보인다는 뜻.

웃물이 맑아야 아랫물이 맑다

[속담]

웃사람이 부정한 일을 하면 아랫사람도 따라 부정하게 된다는 뜻.

□□□ [고사성어 한마디]

身言書判(신언서판) 당(**唐**)나라 때 비롯된 것으로서 사람이 갖추어야 할 네가지 조건. 곧 신수, 말씨, 문필, 판단력.

원수는 순으로 풀라

[속담]

원수를 갚으면 다시 원한을 사게 되어 한이 없는 것이니 순순히 풀어야 후한이 없다는 말.

원수는 외나무 다리에서 만난다

[속담]

남에게 악한 일을 하면 그 죄를 받을 때가 꼭 온다는 뜻.

원숭이도 나무에서 떨어진다

[속담]

익숙하고 잘 하는 사람도 혹 실수하는 수가 있다는 말.

원숭이의 고기 재판하듯

[속담]

고깃점을 똑같이 나누어 준다고 하면서 야금야금 제가 베어먹다가 마침내 다 먹어 버린 이솝우화에서 유래됨. 명분은 공정을 내세우되 실지로는 교활하게 남을 속이고 제 잇속을 차리는 모양.

□□□ [고사성어 한마디]

新進氣銳(신진기예) 새로 두각을 나타낸 신인으로서 의기가 날카로움.

위로 진 물이 발등에 진다

[속담]

좋지 못한 짓을 하는 사람은 그 조상도 그렇기 때문이라는 뜻. 웃어른이 하는 일은 곧 아랫사람에게 영향을 준다는 말.

인간 도처유청산(人間到處有靑山)

[속담]

사람은 어디서 죽는다 해도 뼈를 묻을 만한 곳은 있다는 뜻으로, 대망을 달성하기 위해서는 향리를 떠나 크게 활동하여야 한다는 말.

인간만사 새옹지마(人間萬事塞翁之馬)

[속담]

인생의 길흉화복은 새옹지마처럼 항상 바뀌어 예측할 수 없다는 말.

일각이 삼추같다

[속담]

시간을 빨리 지나기기를 바라는 뜻으로 초조하게 기다리는 마음의 괴로움을 이름.

□□□ [고사성어 한마디]

新陳代謝(신진대사) 묵은 것이 없어지고 그 대신 새것이 생김.

조개 껍데기는 녹슬지 않는다

[속담]

천성이 선량한 사람은 다른 사람의 악습에 감동이 되지 아니한다는 말.

좁쌀만큼 아끼다가 담돌만큼 해(害)본다

[속담]

미리 손을 조금 쓰면 될 것을 물건이 아까운 생각에서 내버려두면 나중에는 더 큰 손해를 본다는 말.

주먹 맞은 감투

[속담]

아주 쭈그러져서 형편없는 모양. 곧 젠 체하다가 핀잔을 받고 주눅이 들어 맥을 못쓰는 모양.

죽어 석잔 술이 살아 한잔 술만 못하다

[속담]

죽은 뒤에 아무리 정성을 다하여도 소용 없으니 살아서 정성을 다 하라는 말.

□□□ [고사성어 한마디]

新出鬼沒(신출귀몰) 귀신과 같이 홀연히 나타났다가 홀연히 사라짐. 자유자재로 출몰하여 그 변화를 헤아릴 수 없는 일.

죽은 나무에 꽃이 핀다

[속담]

보잘 것 없던 집안이 부귀영화를 누림을 이르는 말.

지붕의 호박도 못따면서 하늘의 천도(天桃) 따겠단다

[속담]

쉬운 일도 못하는 주제에 당치 않은 어려운 일을 하려 한다는 뜻.

천냥 사주 말고 애매한 소리 말라

[속담]

천냥이나 되는 많은 돈을 내어놓는 것보다 애매한 소리를 하지 않는 편이 낫다는 뜻이니, 쓸데없이 공연한 말로 남을 모함하지 말라는 말.

천냥 잃고 조리 겯기

[속담]

이것저것 하다가는 결국 다 잃고 조리장사밖에 할 수 없게 될 터이니 하던 직업을 버리지 말고 끝까지 해나가라는 말.

□□□ [고사성어 한마디]

身土不二(신토불이) 몸과 태어난 땅은 하나란 뜻으로, 같은 땅에서 산출된 것이라야 체질에 잘 맞는다는 말.

철들자 망령이라

[속담]

뒤늦게나마 겨우 성사가 되자 곧 낭패가 닥친다는 말. 인생은 길지 못하여 곧 나이 드는 것이니 어물어물 하다가는 아무 일도 이루지 못한다는 것을 경계하는 말.

초년 고생은 만년 복이라

[속담]

젊어서 고생한 끝에 낙이 오는 수가 많은 까닭에 그 고생을 달게 여김을 가리키는 말. "초년고생은 사서라도 한다." "초년 고생은 은주고 산다."

푸성귀는 떡잎부터 알고 사람은 어렸을 때부터 안다

[속담]

장래 희망이 있는 자는 어렸을 적부터 알아본다는 말.

풀 쑤어 개 좋은 일하다

[속담]

공들여 한 일이 남에게만 좋은 일이 되었다는 말.

□□□ [고사성어 한마디]

實事求是(실사구시) ① 사실에 근거하여 사물의 진상, 진리 등을 연구하는 일. ② 청조(淸祖)시대, 고전연구의 고증학 학풍.

피는 물보다 진하다

[속담]

혈통은 속일 수 없어, 남보다도 집안간의 연결은 강렬하다는 말.

하룻 비둘기 재를 못넘는다

[속담]

경험과 재능이 없이 자만심만으로는 일을 이룰 수가 없음을 비유하는 말.

학다리 구멍을 들여다보듯 한다

[속담]

어떤 사물을 매우 조심하여 보는 일을 두고 하는 말.

학도 아니고 봉도 아니고

[속담]

아무것도 아니라는 뜻. 행동이 모호하거나 사람이 뚜렷하지 못함을 비웃는 말.

□□□ [고사성어 한마디]

心機一轉(심기일전) 이떠한 동기에 의하여 이제까지 먹었던 마음을 뒤집듯이 확 바꿈.

학이 곡곡하고 우니 황새도 곡곡하고 운다

[속담]

멋도 모르고 남이 하는대로 따라한다는 말.

한 귀로 듣고 한 귀로 흘린다

[속담]

말을 하여도 곧 잊고 듣지 않은 것과 같다는 뜻. 남의 말을 귀담아 듣지 않거나 듣고도 실행하지 않을 때 쓰는 말이다.

한 다리가 천리(千里)

[속담]

조금이라도 더 가까운 사람에게 정이 쏠리며 그렇지 않은 사람에게는 자연히 등한하게 된다는 말.

한 부모는 열 자식을 거느려도 열 자식은 한 부모를 못거느린다

[속담]

자식이 많아도 부모는 다 거느리고 살아가지만 자식들은 그렇지 못하여 마침내는 부모가 올 데 갈 데 없이 된다는 뜻.

□□□ [고사성어 한마디]

心地光明(심지광명) 사욕없는 공명정대한 마음가짐을 이르는 말.

한술밥에 배 부르랴

[속담]

무슨 일이나 처음부터 큰 효과를 얻을 수는 없다는 말. 힘을 조금 들이고 많은 효과를 바랄 수는 없다는 의미이다.

한 일을 보면 열 일을 안다

[속담]

한가지 일로 다른 모든 일을 미루어 알 수 있다는 말로, 한가지 행동을 보고 그 사람의 모든 것을 짐작할 수 있다는 뜻.

한번 실수는 병가의 상사

[속담]

실수는 누구에게나 다 있을 수 있는 일로 실수가 있어야 성공도 있다는 위로의 말.

행랑 빌면 안채까지 든다

[속담]

처음에는 삼가다가 점점 재미를 붙여 정도와 분수를 넘는 짓을 하게 됨의 비유.

□□□ [고사성어 한마디]

十目所視(십목소시) 여러 사람이 보고 있다는 뜻으로, 세상사람은 속일 수 없다는 말. 세상에 비밀은 없음.

허울좋은 한울타리

[속담]

겉으로는 훌륭하나 속은 보잘 것 없는 사람이나 물건을 일컫는 말.

허허해도 빚이 열닷냥

[속담]

겉으로 쾌활하고 낙천적인 것처럼 보이는 사람도 말 못할 딱한 사정이 있다는 말.

어린아이는 울면서 자란다

[속담]

아기가 우는 것은 건강하다는 증거. 크게 걱정할 것이 없다는 말.

낳은 부모보다 기른 부모

[속담]

자기를 낳아주기만 한 부모보다는 오랫동안 길러준 양부모에게 더 깊은 정을 느낀다는 뜻.

□□□ [고사성어 한마디]

生口不網(생구불망) '산 사람 입에 거미줄치랴' 한 뜻. 곧 사람이 아무리 옹색해도 그럭저럭 먹고 살아갈 수 있다는 말.

여자는 약하지만 어머니는 강하다

[속담]

내 자식을 지키기 위해서라면 어떤 희생도 마다하지 않는 어머니의 강한 모성애를 이름.

□□□ [고사성어 한마디]

塞翁之馬(새옹지마) 세상만사가 변전무상(變轉無常)하므로, 인생의 길흉화복(吉凶禍福)을 예측할 수 없다는 뜻. 길흉화복이 덧없음을 비유.

주요 인명 · 문헌 찾아보기

마레 J.(Marais, Jean) 프랑스의 배우. 1914-. 콕도에게 발견되어 여러 영화에 출연. <유리의 성> 등에서 북구적이고 현대적인 세련미로 훌륭한 연기를 보임.

머레이 존(Murray, John) 영국 동물학자 · 해양학자. 1841-1914. 챌린저호에 의한 해양조사에 참가. 환초(環礁)의 성인(成因), 플랭크톤에 관하여 연구, 근대해양학의 기초를 구축함. 저서에 <해양의 심저(深底)>가 있다.

본 E. G.(Bourne, Edward Gaylord) 미국 역사학자. 1860-1908. 저서로 <역사비판론집>이 있다.

샹포르 니콜라 세바스찬 R. 프랑스 비평가, 모럴리스트. 1741-94. 날카로운 관찰로 상류계급에 통렬한 풍자의 글을 남김. 주요 저서로는 <잠언과 사상>.

헤릭 로버트(Herrick, Robert) 미국 소설가. 1868-1939. 현대 자본주의 사회의 왜곡을 묘사함. 저서로 <대중>이 있다.

가르신 V. M.(Garshin, Vsevolod Mikhailovich) 러시아 작가. 1855-88. 페시미즘과 인도주의의 대표자. 작품으로 <붉은 꽃> <4일간> 등이 있고 정신이상 발작으로 자살함.

간디 M.K.(Gandhi, Mohandas Karamchand) 인도의 민족운동 지도자. 1869-1948. 무저항, 불복종운동으로 인도 민족의 독립에 분투함.

갈릴레이 갈릴레오(Galilei, Galileo) 이탈리아 물리학자 · 천문학자. 1564-1642. 물체의 낙하법칙을 발견. 코페르니쿠스의 지동설을 실증하여 이를 창도함. 근대과학의 방법을 확립.

개스켈 엘리자베스 C.(Gaskell, Elizabeth Cleghorn) 영국 여류소설가.

1810-65. 작품으로 <크랜포드> <브론테전기> 등이 있다.

게오르규 C. V.(Gheorghiu, Constantin Virgil) 루마니아 소설가. 1916-. <25시>로 현대 서구사회의 국면을 상징적으로 표현함. 그외 <제2의 찬스> 등이 있다.

고리키 막심(Gorki, Maxim) 러시아 소설가. 1868-1936. 사회주의 리얼리즘의 기수. 대표작으로 <어머니> <밤주막> <수렁>이 있음.

고호 빈센트 반(Gogh, Vincent van) 네덜란드의 화가. 1853-90. 후기 인상파의 거두. 작품에 <감자를 먹는 사람> <해바라기> <자화상> 등이 있음.

골드스미스 D.(Goldsmith, Dliver) 아일랜드 태생의 영국 작가. 1728-74. 젊어서 대륙을 방랑하고 귀국하여 저서 <웨이필드 목사>를 내어 문명을 얻음. 그외 <호인> 등이 있다.

괴테 요한 볼프강 폰(Geothe, Johann Wolfgang von) 독일 시인 · 작가. 1749-1832. 독일 최대의 문호. <젊은 베르테르의 슬픔>으로 일약 문명을 날리고, <빌헬름 마이스터 수업시대> <친화력> <파우스트>외 많은 작품을 남김.

구코 K.(Gutzkow, Karl) 독일 작가. 1811-78. '청년 독일파'의 주도적 작가. 작품으로 <정신의 기사들> <로마의 마술사> 등.

그라베 C.D.(Grabbe, Christian Deitrich) 독일 극작가. 1801-36. 저서로 <돈 후안과 파우스트>가 있다.

그랜트 U.S.(Grant, Ulysses Simpson) 미국 군인 · 정치가. 1822-85. 남북전쟁 때 미시시피 유역에서 군공을 세우고 북군 총사령관이 됨. 18대 미국대통령으로 당선.

기번 에드워드(Gibbon, Edward) 영국의 역사가. 1737-94. <로마제국 흥망사> 6권이 유명함.

기싱 조지 로버트(Gissing, George Robert) 영국 소설가. 1858-1903. 주요 저서로 <헨리 라이크로프트의 수기>.

네루(Nehru, Pandit Jawaharla) 인도의 정치가. 1889-1964. 인도 국민회의파의 간디의 지도 밑에 독립운동을 전개. 1947년 독립에 성공하고 이후 사망할 때까지 공화국 수상의 지위에 있었다.

닐 A.S.(Neal, Alexander Sutherland) 영국 교육가. 1883-1973. 섬머힐 학원을 열고 모든 규칙을 배제, 학습의 강제를 금하는 등 철저한 자유교육을 실시함.

다렐 로렌스(Durrell, Lawrence George) 인도 태생의 영국 작가. 1912-1990. 작품으로 야심적인 수법을 사용한 대하소설 알렉산드리아 4부작 <쥬스틴>이 유명.

단테 알리기에리(Dante, Alighieri) 이탈리아 시인. 1265-1321. 대표작품은 토스카나 방언으로 쓰여진 <신곡>.

대커레이 윌리암 M.(Thackerray, William Makepeace) 영국 소설가. 1811-63. 대표작으로 <허영의 도시>가 있다.

데카르트 르네(Descartes, René) 프랑스 철학자 · 수학자. 근대 합리주의 철학의 시조. 1596-1650. 근대철학의 시조로 일컬어지며 "나는 생각한다, 고로 존재한다"로 유명. 저서로 <방법서설> <철학원리> 등.

도로 헨리 데이비드(Thoreau, Henry David) 미국 사상가. 1817-62. 주요 저서로 <숲속의 생활>이 있으며 그의 철저한 개인주의는 후세에 영향을 줌.

도스토예프스키 F. 미하일로비치(Dostoevski, Fyodor Mikhailovich) 러시아 소설가. 1821-81. 작품 <죄와 벌> <백치> <카라마조프의 형제> 등은 인간의 고뇌를 그린 유례가 없는 심리소설로서 평가가 높다.

도잠(陶潛) 중국 동진(東晉) · 남조송(南朝宋)의 문인. 365-427. 자는 연명. 육조시의 백미로 일컬어지는 품격을 띠고 <歸去來辭> <五柳先生傳> 등이 있다.

듀이 존(Dewey, John) 미국의 철학자 · 교육학자. 1858-1952. 도구주의 철학을 주창하고 실천적 아동교육에서도 업적을 남김. 저서에 <민주주의와 교육> <창조적 지성> 등이 있다.

드라이든 존(Dryden, John) 영국의 계관시인. 극작가. 1631-1700. 시, 극, 평론을 통하여 합리주의 정신의 대두를 촉구함. 영웅시극 <그라나다의 정복> 및 널리 알려진 <극시론> 등의 비평론이 있다.

드라이저 J.(Dreiser, Theodore Herman Albert) 미국 소설가. 1871-1945. 인간을 환경의 산물—자유의지를 결여한 맹목적 존재—로, 사회를 냉정하게 사실대로 관찰하는 자연주의 작가. 작품 <시스터 캐리> <제니 게르하트> <아메리카의 비극>으로 성공.

드러커 피터 F.(rucker, Peter Ferdinand) 미국 경영학자. 1909년 오스트리아 출생. <현대경영> <경영자의 조건> <단절의 시대>등으로 기업인에게 강한 영향을 주었다.

들라크로아 페르디낭드(Delacroix, Ferdinand Victor Eugène) 프랑스 화가. 1798-1863. 근대회화를 확립한 프랑스 낭만파의 거장.

디즈레일리 벤자민(Disraeli, Benjamin) 영국 빅토리아 왕조시대의 정치가. 작가. 1804-81. 수상직에 올랐고 정치소설 <코닝스비>로 그 사상을 전개함.

디킨슨 에밀리(Dickinson, Emily Elizabeth) 미국 여류시인. 1830-86. 청교도적 색채가 강한 시 1,775편을 남김.

라 로슈푸코 프랑스와(La Rochefoucauld, François) 프랑스 작가. 1613-80. 모랄리스트 걸작 <잠언>을 통하여 통렬한 인간성 비판을 함.

라 브뤼에르 장(La Bruyère Jean de) 프랑스의 도덕가. 1645-96. 그리스 테오포라스토스의 <성격론>을 번역하고 그 부록형식으로 출판한 <사람은 가지가지>는 많은 격언과 함께 당시의 궁정생활과 동향을 날카로운 관찰과 인생성찰로 묘파함.

라스키 H.J.(Laski, Harold Joseph) 영국 정치학자 · 문명비평가. 1893-1950. 사회주의와 개인주의의 조화를 추구하고 프롤레타리아 독재를 비판함. 저서로 <정치학 강요> <근대국가의 자유> <미국 민주주의> 등.

라이프니츠(Leibniz Gottfried Wilhelm, Freiherr von) 독일 철학자 · 수학자 · 정치가. 1646-1716. 독일 근세철학의 원조. 저서로 <형이상학 서론> <단자론> <변신론> <인간오성 신론> 등이 있다.

라 파예트 부인(La Fayette) 프랑스 여류작가. 1634-95. 고전주의 문학의 걸작, 심리소설의 선구적인 작품인 <클레브 공작부인>을 씀.

라 퐁텐 장 드(La Fontaine, Jean de) 프랑스 시인. 1621-95. 몰리에르,

라신 등과 함께 고전주의의 대표적 작가. 대표작 <우화>.

램 찰스(Lamb, Charles) 영국 수필가. 1775-1834. 대표작 <엘리아수필집>을 비롯하여 누이와의 공저 <셰익스피어 이야기>도 아동서로서 유명.

러셀 버틀란드 A 윌리암(Russel, Bertrand Arthur William) 영국 철학자 · 수학자. 1872-1970. 제1차대전중 반전운동으로 대학에서 쫓겨나 이후 사회평론의 저작에 종사. 저서로 <수리철학서설> <서양철학사> 등. 1950년에 노벨문학상 수상.

러스킨 T.(Ruskin, John) 영국의 미술평론가 · 사회사상가. 1819-1900. <근대화가론>으로 미술비평의 높은 경지를 보이고 점차 사회비평으로 눈을 돌림. 저서에 <예술경제론>이 있다.

레니에 앙리 드(Regnier, Henri de) 프랑스 시인, 소설가. 1864-1936. 상징파의 대표적 시인의 한사람. 시로 <물의 도시> <시간의 거울>, 소설로 <타오르는 청춘> 등이 있다.

레닌 V.I.(Lenin, Nikolai) 러시아 혁명가. 1870-1924. 마르크스주의자, 공산당 창립자. 소련혁명을 지도하고 1917년 케렌스키 정권을 타도하여 프롤레타리아 독재정권을 세움. 저서로 <프롤레타이아 혁명과 배교자 카우츠키> <공산주의와 좌익 소아병> 등.

레비스트로스(Lévi-Strauss, Claude) 프랑스 문화인류학자. 1908-. 구조주의적 인류학을 발전시킴. 저서로 <친족의 기본구조> <슬픈 열대> <구조인류학> <신화학> 등.

레오나르도 다 빈치(Leonardo da Vinci) 이탈리아 화가 · 조각가 · 건축가. 1452-1519. 작품 <모나 리자> <최후의 만찬>은 특히 유명. 만년에는 과학연구에 전념하고 그 성과를 회화론 등과 함께 논문으로 남김.

로댕 F.A.R.(Rodin, François Auguste René) 프랑스의 조각가. 대표작으로 <지옥의 문> <키스> <생각하는 사람> <발자크상> 등 다수.

로덴바하 G.(Rodenbach, Georges) 벨기에의 시인 · 소설가. 1855-98. 상징파 시인으로 작품에 <슬픔> <우아한 바다> <죽음의 도시 브루즈> 등이 있다.

로렌스 D. H.(Lawrence, David Herbert) 영국 소설가. 1855-1930. 노골적이고 강렬한 성적묘사로 유명. 주요작품으로 <흰공작> <아들과 연인들> <채털리부인의 사랑> 등이 있다.

로망 롤랑(Rolland, Romain) 프랑스 작가·사상가. 1866-1944. 모교 소르본느대학에서 음악사를 가르치는 한편 창작활동에 정진함. 1915년 노벨문학상 수상. 대표작 <장 크리스토프> <매혹된 영혼>.

로셔 W. G. F.(Roscher, Wilhelm Georg Friedrich) 독일 경제학자. 1817-94. 역사학파 경제학의 창시자. 저서에 <국민경제체계> <독일경제학사> 등이 있음.

로웰 제임스 러셀(Lowell, James Russell) 미국 시인·비평가. 1819-91. 저서로 <비평가의 우화> <론폴경의 환상> 등.

로크 존(Locke, John) 영국 철학자·정치철학자. 1632-1704. 저서로 <인간오성론> <관용론> <교육론> 등이 있음.

로테 리히하르트(Rotte, Liechart) 독일 신학자. 1799-1867. 기독교 신앙과 문화는 대립하지 않는다는 입장을 취함.

롤리 (Raleigh, Walter Alexander) 영국 문학자. 1861-1922. 옥스퍼드대 교수. 그가 지은 <공중전(空中戰)>은 영국 공군전사로서는 최초의 것임.

롱펠로 헨리 W.(Longfellow, Henry Wadsworth) 미국 학자·시인. 1807-82. 유럽문화와 미국문화의 상호이해에 진력. 작품으로 <인생찬가> <이반제린>.

루소 장 자크(Rousseau, Jean Jacques) 프랑스 철학자. 1912-78. 자연 그대로의 인간이라는 개념을 주창한 <에밀>을 비롯하여 프랑스 혁명에 영향을 준 <사회계약론> <고백> 등을 남김.

루즈벨트 프랭클린 D.(Roosevelt, Franklin Delano) 미국 제32대 대통령. 1882-1945. 뉴딜정책을 추진하고 은행구제, 농민보조, 실업구제 등 일련의 공황대책을 추진함.

루카스 조지(Lucas, George) 미국 영화감독·제작자. 1945년생. 작품으로 <스타워즈> 시리즈가 있고 <인디애나 존스>의 제작을 맡음.

루크레티우스(Lucretius) 고대 로마의 에피쿠로스 학파의 시인·철학자.

96?-55? B.C. 저서 <만유의 본성>에서 유물론을 창도.

루터 M.(Luther, Martin) 독일의 종교개혁가 · 신학교수. 1483-1546. 신교의 한파를 창시함.

르나르 줄르(Renard, Jules) 프랑스 소설가 · 극작가. 1864-1910. 그의 작품 <홍당무>는 이색작품으로 유명. 사후 발표된 <일기>는 일기 문학의 걸작.

리바롤 안토니에(Rivarol Antoine, Comte de) 프랑스 비평가 · 정론가. 1753-1801. 프랑스 대혁명 전의 살롱 논객으로 활약.

리케르트(Rickert, Heinrich) 독일의 철학자. 1863-1936. 서남독일학파의 완성자. 저서로 <인식의 대상> 등이 있다.

리튼 에드워드 조지(Lytton, Edward George) 영국 소설가 · 정치가. 1803-73. 저서에 <폼페이 최후의 날> <어네스트 말트라바스> 등 다수.

리히터 J.(Richter, Johann Paul Friedrich) 독일 소설가. 1763-1825. 필명은 장 파울. 주요작품으로 <거인> <퀸투스 픽스라인의 생애>등이 있음.

리히텐베르크 G.C.(Richtenberg, Georg Christoph) 독일 물리학자. 사진 건판의 전극실험에서 '리히텐베르크 도형'을 얻음.

릴케 라이너 마리아(Rilke, Rainer Maria) 프라하 태생의 독일 시인. 1875 -1926. 금세기 최대의 시인의 한사람으로 작품에 <형상시집> <진혼가> 등이 있고 소설 <말테의 수기>가 있다.

립스 T.(Lipps, Theodor) 독일 철학자 · 미학자 · 심리학자. 1851-1914. 감정이입의 입지에서 윤리학 · 미학을 주장하고, 그 기초학으로서의 심리학을 제창함. 저서로 <심리학 입문>이 있다.

링컨 에이브라함(Lincoln, Abraham) 미국 제16대 대통령. 1809-65. 노예제에 부정적이었던 데서 대통령 당선으로 남북전쟁 발발. 전승 직후에 암살됨. "인민의 인민에 의한 인민을 위한 정치"의 연설로 유명.

마르크스 칼 하인리히 (Marx, Karl Heinrich) 독일 혁명가 · 철학자 · 경제학자. 1818-83. <공산당 선언>을 기초. 망명처 런던에서 엥겔스의 재정원조를 받으면서 <자본론>을 집필했으나 미완인 채 사망.

마르탱 뒤 가르(Martin du Gard, Roger) 프랑스 소설가·극작가. 1881-1958. 금세기 전반의 걸작으로 일컬어지는 장편 <티보가의 사람들>을 발표. <1914년 여름>(3권)으로 37년 노벨 문학상을 수상.

마쓰시타 고노스케(松下幸之助) 현대의 일본 실업가. 1894-1989. 한세대에 마쓰시타전기산업을 세계 굴지의 기업으로 키운 실업가.

마크 트웨인(Mark Twain) 미국 소설가. 1835-1910. 작품으로 <왕자와 거지> <톰소야의 모험> <허클베리핀의 모험> 등이 있다.

마키아벨리(Machiavelli, Niccolò) 이탈리아 문예부흥기의 정치사상가·역사가. 1469-1527. <로마사론> <군주론> 등의 명저를 남김.

망데빌 B.(Mandeville Bernard) 영국의 의사, 풍자작가. 1670-1733. 저서에 <꿀벌의 우화>가 있다.

머피 조셉(Murphy, Joseph) 미국 교육자. ?-1981. 잠재의식 활용법의 보급에 생애를 바침.

멘델스존 M.(Mendelssohn, Moses) 독일 철학자. 1729-86. 음악가 멘델스존의 조부. <감각에 관한 서한> <신의 실재> 등의 저서를 냄.

멘켄 H. L.(Mencken, Henry Louis) 미국의 비평가·저널리스트. 1880-1956. 저서로 <편견집> <행복시대> 등이 있다.

멜빌 허만(Melville, Herman) 미국 소설가. 1819-91. 대표작으로 <백경>이 있다. 생전에는 작품이 인정을 받지 못했고 20세기 전반에 이르러 대표적 미국문학의 하나로 평가됨.

모르겐슈테른 크리스티안(Morgenstern, Christian) 독일 시인. 1871-1914. 그로테스크하고 유머러스한 시로 유명. 대표작 <교수대의 노래> <팔무슈트렘>.

모르와 앙드레(Maurois, André) 프랑스 작가. 1885-1967. 소설, 전기, 역사평론 등 다방면에서 활동. <영국사> <프랑스사> <조르쥬 상드전>.

모차르트 볼프강 아마데우스(Mozart, Wolfgang Amadeus) 오스트리아 작곡가. 1756-91. 고전파 양식을 완성. 작품은 오페라 <휘가로의

결혼> <요술피리>를 비롯하여 교향곡, 협주곡, 실내악 등 다수.

모택동(毛澤東) 중국 정치가. 1893-1976. 중국공산당 지도자로서 농촌을 기반으로 하는 독자의 혁명이론으로 중화인민공화국을 건설.

모파상 앙리 르네 알베르(Maupassant, Henry Albert Guy de) 프랑스 소설가. 1850-93. 플로베르에게 사사받아 소설기법을 배우고 <비계덩어리>를 발표하여 일약 유명해짐. 작품으로 <여자의 일생> <죽음처럼 강하다> 등이 있다.

몰리에르(Moliére, Jean Baptiste Poquelin) 프랑스의 배우 · 희극작가. 1622-73. 작품으로 <마누라학교> <인간혐오> <수전노> 등이 있다.

몸 윌리암 서머세트(Maugham, William Somerset) 영국 시인 · 극작가 · 비평가. 1874-1965. 영국 작가중에서 가장 폭넓은 독자층을 가진 작가. 작품으로 <인간의 굴레> <달과 6펜스> <면도날> 등이 있음.

몽테뉴 미셸 드(Montaigne, Michel de) 프랑스 도덕가. 1533-92. 르네상스 인문주의에 의해 인간 본래의 모습을 탐구함. 저서로 <수상집>과 <여행일기> 등이 있다.

몽테를랑 앙리 드(Montherant, Henry Millon de) 프랑스 소설가. 1896-1972. 대표작으로 <투우사> <독신자> <젊은 아가씨들> 등이 있다.

몽테스키외(Montesquieu, Charles de Secondat) 프랑스 철학자 · 법학자. 실증적 · 사회학적 방법론에 의한 명저 <법의 정신>으로 유명.

묵자(墨子) 춘추전국시대 노나라 철학자. 480-390 B.C. 제자백가의 시조인 묵가의 시조임.

뮈세(Musset, Louis Charles Alfred de) 프랑스 시인 · 극작가. 1810-57. 19세기 낭만파의 대표자. <장난과 사랑> <밤> <세기아(世紀兒)의 고백> 등이 유명함.

뮐러 W.(Müller, Willhelm) 독일 후기 낭만파 민중시인. 1794-1827. 작품중 <아름다운 물방아간의 소녀> <겨울나그네> 등은 슈베르트에 의해 작곡되었음.

미슐레 J.(Michelet, Jules) 프랑스 역사가. 1798-1874. 민중을 주역으로 한 이상주의적 역사의 서술가. 저서로 <프랑스사> <프랑스혁명사>가 있다.

미시마 유키오(三島由紀夫) 일본 전후소설가. 1925-70. 할복자살함. 작품으로 <가면의 고백> <금각사> <풍요의 바다> 등이 있음.

미키 키요시(三木潔) 메이지·쇼와기의 일본 철학자. 1897-1945. 구상력의 논리라는 철학체계를 확립. 저서로 <파스칼에 있어서의 인간의 연구> <인생론 노트>가 있다.

밀레 J.F.(Millet, Jean Françios) 프랑스 화가. 1814-75. <이삭줍기> <만종> <씨뿌리는 사람들> 등 농민생활을 주제로 한 많은 명작을 남김.

밀 존 스튜어트(Mill, James M.) 영국 철학자, 경제학자. 1806-73. 저서로 <논리학체계> <경제학 원론> <자유론> 등이 있음.

밀턴 존(Milton, John) 영국 시인. 1608-74. 실명후에 구술로 발표한 대표작 <실락원>은 영국 르네상스 최후의 거장임을 증명함.

바가바드 기타(Bhagavadgitā) 신의 노래란 뜻. 힌두교 최고성전. 크리시나가 지은 우주철리의 해설.

바그너 A.H.G.(Wagner, Adolf Heinrich Gotthilf) 독일 경제학자. 1835-1917. 저서로 <재정학> <사회주의> <사회민주주의> 등이 있다.

바이런 조지 고든(Byron, George Goron) 영국 시인. 1788-1824. 낭만파의 대표적 존재로 괴테, 푸시킨 등에게 영향을 줌. 작품으로 <차일드 해럴드의 편력> <돈 주앙> 등.

바조트 W.(Bagehot, Walter) 영국 정치학자. 1708-1778. 뉴캐슬공과 연립내각을 조직하여 7년전쟁을 승리로 이끌고 1766년 수상에 취임.

버크 에드먼드(Burke, Edmund) 영국 보수주의 사상가·정치가. 1729-97. 의회·정당정치의 확립에 애쓰고 "버크의 개혁"으로서 알려짐.

버클 헨리 토마스(Buckle, Henry Thomas) 영국 역사가. 1821-62. 저서로 <영국문명사>가 있다.

반고(斑固) 중국 후한시대의 역사학자. 32-92. 부친의 유지를 이어 20여년의 세월을 둘여서 <漢書>를 정리함.

발자크 오노레 드(Balzac, Honoré de) 프랑스 소설가. 1799-1850. 20년간 하루 50잔의 커피를 마시면서 초인적인 창작활동을 계속함. 리얼리즘 문학의 기념비적 대작 <인간희극>은 약 90편의 소설로 구성되어 있다.

배로 I.(Barrow, Isaac) 영국 수학자 · 신학자. 1630-77. 케임브리지대 그리스어 교수. 광학 기하학 강의로 아이작 뉴튼에게 영향을 줌.

백거이(白居易) 중국 중당(中唐)의 시인. 772-846. 대표작으로 <新樂府> <長恨歌> <琵琶行> <寄唐生> 등이 있다.

버크 E.(Burke, Edmund) 영국의 보수주의 사상가 · 미학자. 1729-97. 휘그당 당원. 계몽적 합리주의 비판을 생애의 과제로 삼음. 저서로 <자연사회의 옹호> <숭고와 미의 관념의 기원>.

버틀러 사뮤엘(Butler, Samuel) 영국 소설가 · 사상가. 1835-1902. 호메로스의 연구자로서도 알려지고, 작품으로 사회풍자의 유토피아 이야기 <엘레혼> 등이 있다.

번즈 로버트(Burns, Robert) 스코틀랜드 시인. 1759-96. 19세기말 낭만파 시인의 선구를 이룸.

베르길리우스(Vergilius Maro Publius) 고대 로마의 시인. 본명은 Publius Vergilius Maro. 70-19 B.C. <시선목가> 외에 12년의 세월을 들여 완성한 대작 <아에네우스>는 라틴문학 최고봉으로 로마 최대의 시인으로 꼽힘.

베르나노스 G.(Bernanos, George) 프랑스 작가. 1888-1948. 1926년 <악마의 태양 아래>로 문단에 등단. 대표작 <시골신부의 일기>가 있음.

베르네 L.(Börne, Ludwig) 독일 작가 · 평론가. 1786-1837. 프랑스 자유주의 사상에 공명. 저서로 <파리통신>.

베르크송 H.(Bergson, Henri Louis) 프랑스 철학자. 1898-1900. 기계론적 유물론에 반대하여 생명의 내적 자발성을 강조. 저서로 <창조적 진화> <도덕과 종교와의 두 원천> 등이 있다.

베버 M.(Weber, Max) 독일 사회학자 · 경제학자. 1864-1920. 리케르트 등의 영향을 받아 경제행위나 종교현상의 사회학적 이론분야를 개척함. 저서로 <사회과학 방법론> <프로테스탄티즘 윤리와 자본주의 정신> 등.

베이컨 프랜시스(Bacon, Francis) 영국 철학자 · 정치가. 1561-1626. 데카르트와 나란히 근대 서구철학의 원조. 과학의 위력을 간파하고 과학기술 시대의 도래를 예견. 수필집의 저자로서도 유명.

베토벤 루드비히 폰(Beethoven, Ludwig von) 독일 작곡가. 1770-1827. 고전파 음악을 대성하고 낭만주의의 선구를 이룬 19세기초의 최대 음악가. <영웅> <운명> <합창> 등 9개의 교향곡 등 불후의 걸작을 남김.

보들레르 찰스 피에르(Baudelaile, Charles Pierre) 프랑스 시인. 1821-67. 작품으로 <파리의 우울> <악의 꽃> 등.

보링브룩 H.J.(Bolingbroke, Henry St. John) 영국 정치가. 1678-1751. 토리당의 지도자. 후에 프랑스로 망명.

보봐르 시몬 드(Beauvoir, Simone de) 프랑스 여류작가 · 비평가. 1908-86. 작품으로 소설 <초대받은 여자> <타인의 피> 외에 <제2의 성> 등이 있다.

보브나르그(Vauvenargues, Luc de Clapiers) 프랑스의 모랄리스트. 1715-47. 라 로슈푸코의 페시미즘에 대하여 낙천적인 인간관을 제창함. 저서로 <격언집>이 있다.

보텐슈테드 프리드리히 폰 독일 시인. 1819-92. 시집 <밀저 샤피의 유서에서>.

볼테르(Voltaire) 프랑스 문학자, 역사가 · 계몽사상가. 1694-1778. 사상적으로 프랑스 혁명의 지하조직을 지원함. 저서에 <철학서한> <캉디드>가 있음.

부바르 필립 프랑스 저널리스트. 1929년생.

뷔토르(Butor, Michel) 프랑스 작가. 1926-. 앙티로망의 대표적 작가. 소설 <시간표> <변심> 수필 <땅의 정령> 등이 있다.

브라운 크라렌스(Brown, Crarence) 미국 영화감독. 1890-1987.

브레히트 베르투르트(Brecht, Bert) 독일 극작가 · 시인. 1898-1956. 희곡 <삼류 오페라> <갈릴레이의 생애> 등이 있다.

브렌타노 F.(Brentano, Franz B.) 독일 철학자. 1838-1917. 실재론을 주창하고 기초학으로서의 기술적 심리학의 입장을 창시함. 저서로 <경험적 입장에서의 심리학> <도덕적 인식의 원칙> 등이 있다.

브루너 E.(Brunner, Emil) 스위스의 변증법 신학자. 1889-1966. 저서에 <인간성의 한계> <위기의 신학> 등.

브루노 G.(Bruno, Giordano) 이탈리아 철학자. 도미니크회 수도사. 1548?-1600. 저서로 <무한우주와 제세계에 대하여>.

브루델 E.A.(Bourdelle, Emile Antoine) 프랑스 조각가. 1861-1929. 한때 로댕의 조수로 있었으나 그후 로댕의 영향에서 벗어나 단순하고 엄격한 형식을 추구, 독자의 경지를 개척함. 초상조각 <베토벤> 실화적 인물상 <활을 당기는 켄타로치> 등.

블레이크 윌리암(Blake, William) 영국시인·화가. 1757-1827. 삽화 판화로 생활을 영위하면서 <천국과 지옥의 결혼> 등 일련의 시를 발표.

비니(Vigny, Alfred Victor, Comte de) 프랑스 시인·소설가·극작가. 1797-1863. 프랑스 낭만파 4대시인의 한사람. 저서로 <고금시집>과 <운명> <산 마르> 등이 있다.

비스마르크 O.(Bismarck, Otto Edauard Leopold von) 독일 근세정치가. 1815-98. 독일 통일을 완성하고 유럽외교의 주도권을 장악하여 식민지 획득, 삼국동맹 등의 결성에 힘을 기울임. 철혈재상.

비어스 암브로즈 G.(Bierce, Ambrose Guinnett) 미국 소설가. 1842-1914경. <인생의 중도에서>가 대표작. <악마의 사전>의 저자로서도 유명.

사디(Saadi, Muslih-ud-din) 이란의 시인. 1184경-1291. 신비주의자. <과수원> <장미원>은 교훈적, 도덕적인 시로 이란인의 교양의 실천도덕서.

사르트르(Sartre, Jean Paul) 프랑스 철학자·소설가. 1905-80. 작품 <존재와 무>는 무신론적 실존주의의 기념비적 대작. 그외 <구토> <벽> 등.

사마천(司馬遷) 중국 전한(前漢)의 역사가. B.C. 135-?. 궁형에 처해져

십수년동안 <사기(史紀)>를 완성. 황제(黃帝)에서 무제(武帝)에 이르는 중국 최초의 통사.

산타야나 G.(Santayana, George) 미국 철학자 · 시인 · 평론가. 1863-1952. 독일 관념론에 대립, 자연주의적 입장을 취하고 비판적 실재론의 대표자가 됨. 소설로 <최후의 퓨리턴>이 있다. 그외 <이성의 생명> <존재의 제영역> 등.

상드 조르주(Sand, George) 프랑스의 여류작가. 1804-76. <앵디아나> <마의 늪>등의 작품을 발표. 뮈세, 쇼팽 등과의 연애로 유명.

생트 뵈브(Sainte-Beuve, Charles Augustin) 프랑스 소설가, 비평가. 1804-69. 저서로 <포르르와얄> <월요한담> 등이 있다.

생 텍쥐베리(Saint-Exupéry, Antoine de) 프랑스 작가 · 비행사. 1900-44. 작품으로 <인간의 대지> <야간비행> 등이 있음.

샤미소 A.(Chamisso, Adelbert von) 프랑스 시인 · 자연과학자. 서정시 <여자의 사랑과 일생> 동화 <페터 슐레밀의 이상한 이야기> 등이 유명.

샹포르 니콜라 세바스찬 R. 프랑스 비평가, 모럴리스트. 1741-94. 날카로운 관찰로 상류계급에 통렬한 풍자의 글을 남김. 주요저서로는 <잠언과 사상>.

섬너 윌리암 그래함(Sumner, William Graham) 미국 경제학자 · 사회학자. 1840-1910. 자유방임설, 개인주의를 주창, 미국 자유주의 사회학을 대표함. 저서로 <풍속론> <사회와 과학>이 있다.

세네카 루시우스 안나에우스(Seneca, Lucius Annaeus) 로마 철학자. B.C. 5경-65. 황제 네로의 집정관이 되지만 후년 네로에 대한 쿠데타에 가담한 혐의로 자살. 저서 <도덕적 서한>.

세르반테스 사베드라(Cervantes, Saavedra, Miguel de) 스페인 소설가. 1547-1616. 기발한 공상과 유머에 찬 문장으로 명작 <동키호테>를 발표하여 명성을 얻음. <동키호테>의 정식 제목은 <재능넘치는 향사 돈키호테 데 라 만차>.

셰익스피어 W.(Shakespeare, William) 영국 극작가 · 시인. 1564-1616. <햄릿> <오셀로> <리어왕> <맥베드> 등 4대 비극을 남김.

소크라테스(Socrates) 고대 그리스 철학자. 470-399 BC. 소피스트에 반대하여 진리의 절대성을 주장함.

소포클레스(Sophoklés) 고대 그리스 3대 비극시인의 한사람. B.C. 497경-B.C. 406. 총 123편중 현존하는 <안티고네> <콜로누스의 에디푸스> 등이 유명함.

쇼 조지 버나드(Shaw, George Bernard) 영국 극작가 · 비평가. 1856-1950. 영국 근대연극의 창립자. 1925년 노벨문학상 수상. 저서로 <사람과 초인> <피그마리온> 등이 있음.

쇼펜하워 아르투르(Schopenhauer, Arthur) 독일 철학자. 1788-1860. 칸트, 헤겔의 이상주의에 대하여 이성적이 아닌 것이 인간의 자연성질이라고 주장. 주요저서로 <의지와 표상으로서의 세계>.

순황(旬況) 중국 전국시대 말기의 사상가. ?-B.C. 235경. <旬子>의 저자. 순자는 존칭과 동시에 서명으로도 사용된다.

슈만 R.A.(Schumann, Robert Aleksander) 독일의 작곡가. 1810-56. 법률을 전공했으나 후에 파가니니의 연주를 듣고 감동하여 피아니스트가 될 것을 결심. 한편 작곡에도 정진하여 <피아노협주곡> <사육제> 가곡집 <여자의 사랑과 생애> <시인의 사랑> 등 명곡을 남김.

슐러 로버트(Schuller, Robert) 미국 철학자. 1927년생. '뉴소트'(신사고)의 제일인자로서 지지를 얻음.

스마일즈 S.(Smiles, Samuel) 영국 저널리스트, 사회개량가. 저서로 <자조론> <인격론> 등이 있음.

스웨덴보리 임마뉴엘(Swedenborg, Emanuel) 스웨덴의 신비주의 사상가. 본명은 Svedberg. 1688-1772. 자연과학에 정통, 우주의 기계론적 설명을 시도했으나 55세 때에 이 길을 단념, 심령현상을 중시함. 저서로 <천계와 지옥> <진정한 기독교> 등이 있음.

스위프트 조나단(Swift, Jonathan) 영국의 풍자작가. 1667-1745. 대표작으로 <걸리버여행기>가 있음.

스윈번 A. 찰스(Swinburne, Algernon Charles) 영국시인 · 문예평론가. 1837- 1909. 작품 <시와 발라드> <칼리돈의 아탈란타> 등이 유명.

스타인벡 존 어네스트(Steinbeck, John Ernst) 미국 소설가. 1902-68. <분노의 포도>로 퓰리처상 수상. 그외에 <에덴의 동쪽> 등 작품 다수. 1962년 노벨문학상 수상.

스탈(부인) 안느 루이스(Staël, Anne Louise Germine) 프랑스 여류작가. 1766-1817. <코린> <독일론> 등을 발표하여 정열적인 문체의 작가로 알려짐.

스탕달(Stendhal) 프랑스 소설가 · 비평가. 1783-1842. 낭만주의와 리얼리즘에 걸친 근대소설의 선구자. 소설 <적과 흑> 평론 <연애론> 등이 있다.

스티븐슨 로버트 루이스(Stevenson, Robert Louis Balfour) 영국 소설가 · 수필가 · 시인. 1850-94. <보물섬> <지킬박사와 하이드씨> 등이 유명하다.

스펜서 헤르베르트(Spencer, Herbert) 영국 철학자 · 사회학자. 1820-1903. 저서로 <종합철학대계>를 남김.

실러 요한 크리스토프 프리드리히 폰(Schiller, Johann Christoph Fredrich von) 독일 시인 · 극작가. 1759-1805. 질풍노도시대의 대표적 극작가. 대표작으로 <군도(群盜)> <음모와 사랑>이 있다.

아라공 L.(Aragon, Louis) 프랑스 시인 · 소설가. 1897-1982. 다다이즘 · 쉬르레알리즘의 추진자였으나 후에 공산당에 입당. 2차대전중 저항운동에 가담. 저서로 <엘자의 종> <프랑스 기상나팔> 등이 있다.

아르키다모스 2세(Archidamos) 스파르타왕. 재위 기원전 469경-427. 기원전 464의 스파르타 지진을 기회로 봉기한 메세니아의 헤로트 진압에서 활약.

아리스토파네스(Aristophanes) 고대 그리스 희극작가. 448?-380?B.C. 신랄한 필치로 펠로포네소스 전쟁 이후 아테네 동요기의 정치 · 사회 · 문예 등의 문제를 풍자함. 대표작에 <구름> <여자의 평화> <새> 등이 있다.

아리오스토 루드비코(Ariosto, Lodovico) 이탈리아 시인. 르네상스 후기의 대표적 서사시인. 1474-1533. 대표작 <광란의 오를란도>.

아미엘(Amiel, Henri Frédéric) 스위스 태생의 프랑스계 문학자 · 철학자. 1821-81. 사후에 발표된 <일기>는 조용한 통찰과 날카로운 자기분석의 기록으로 유명.

아우구스티누스(Augustinus, Aurelius) 로마 말기의 종교가. 354-430. 초기 그리스도 교회 최대의 사상가로 교부철학의 대성자.

아우소니우스(Ausonius, Decimus Magnus) 로마의 시인 · 수사학자. 310경-93경. 모젤강을 소재로 한 시 <모제라>가 있다.

아인쉬타인 알베르트(Einstein, Albert) 독일 태생의 미국 물리학자. 1879-1955. 일반상대성 이론을 완성, 양자이론으로 노벨물리학상 수상.

안토니누스 마르쿠스 아우렐리우스(Antoninus, Marcus Aurelius) 로마 황제. 121-80. 5현제의 한사람. 변경 진압의 진중에서 기록한 <자성록>은 제정기 스토아철학의 대표적 문헌의 하나임.

알랭 에밀 A. C.(Alain, Émile Auguste Chartier) 프랑스 철학자 · 비평가. 1868-1951. 저서로 <알랭어록> <행복론> <예술론> 등이 있음.

알페리 빅토리오(Alfieri, Vittorio) 이탈리아 시인. 1749-1803. 역사와 신화에서 소재를 얻은 비극작가로서 이름이 알려짐.

애덤즈 W.(Adams, Walter Sydney) 미국 천체물리학자. 1876-1956. 백색 왜성(矮星)의 검증과 거성 · 왜성을 분광학적으로 구별한 연구로 유명.

애디슨 J.(Addison, Joseph) 영국 수필가 · 시인 · 정치가. 1672-1719. 영국 에세이문학의 선구자. 평론지 <스펙테이터> 창간.

야스퍼스 K.(Jaspers, Karl) 독일 철학자. 1883-1969. 하이데거와 함께 대표적인 실존주의 철학자. 저서로 <현대의 정신적 상황> <철학> 3권, <실존철학> <이성과 실존> 등이 있다.

야콥센 J. P.(Jacobsen, Jens Peter) 덴마크의 소설가. 1847-85. 덴마크 자연주의 문학의 선구. 역사소설 <마리그루베> 장편 <닐스뤼네> 등이 있음.

양시(楊時) 중국 송대의 학자. ?-1135. 저서로 <이정수언(二程粹言)> <구산집(龜山集)>이 있음.

어빙 워싱턴(Irving, Washington) 미국 문학자 · 외교관. 1783-1859. 미국문학을 최초로 세계적 무대로 끌어올리는데 공헌. 대표작으로 <스케치북>이 있다.

에디슨 토마스(Edison, Thomas Alva) 미국의 발명가. 1848-1931. 전신기, 축음기 등 천여종의 발명특허를 얻음.

에라스무스 데시데리우스(Erasmus, Desiderius) 르네상스기의 대표적 네덜란드 인문주의자. 1466?-1536. <우신 예찬(愚神禮讚)>으로 왕후 · 귀족과 교회의 부패를 통렬하게 풍자함.

에른스트 P.(Ernst, Paul) 독일 작가. 1866-1933. 자연주의 문학에서 출발하여 신고전주의의 대표적 작가가 됨. 평론으로 <형식에의 길> 시극 <브룸힐트> 희곡 <프로이센 정신>이 있다.

에머슨 랠프 왈도(Emerson, Ralph Waldo) 미국 시인, 사상가. 1803-82. 콩코드의 철인으로 일컬어지며 신과 자연 · 인간의 궁극적 합일을 주장함. 저서로 <자연론> <대표적 인물론>이 있음.

에베렛 찰스 캐롤(Everet, Charles Carol) 미국의 철학자. 1820-1900. 헤겔파의 철학.

에센바하 마리 폰(Esenbach, Mari von) 오스트리아 작가. 1830-1916.

에케르만 요한 페터(Eckermann, Johan Peter) 독일 시인, 저술가. 1792-1854. 괴테 만년의 비서로 <괴테와의 대화>로 유명.

에피쿠로스(Epikuros) 고대 그리스 철학자. 플라톤과 데모크리토스 철학을 배우고 에피쿠로스 학파의 시조가 됨. 그 실천철학은 신체의 무고통과 혼의 평정을 추구한 정신적 쾌락을 최고선으로 삼음.

에픽테투스(Epiktetos) 그리스 후기의 스토아파 철학자. 55?-135?. 그의 제자의 손으로 편집된 <어록>과 <제요(提要)>는 후세에 널리 읽혀짐.

안데르센(Andersen, Hans Christian) 덴마크 동화작가. 1805-75. 아네르슨의 영어식 이름. 대표작에 <즉흥시인> <그림없는 그림책> 등.

엘리어트 조지(Eliot, George) 영국 여류소설가. 1819-80. 작품으로 <사일러스 마너> <미들마치> 등.

엘리오트 T. S.(Eliot, Thomas Stearns) 미국 태생의 영국시인 · 비평가

· 극작가. 1888-1965. 대표작 <황무지>. 1948년 노벨문학상 수상.

엥겔스 F.(Engels, Friedrich) 독일의 사회주의자. 마르크스와 함께 마르크스주의 창시자의 한사람. 저서로 <자본론> <변증법과 자연> 등.

영 에드워드(Young, Edward) 영국의 시인. 1863-1765. 종교적인 명상시 <만가—죽음과 영생에 대한 야상>은 그 시대의 시풍과 현저한 대조를 이루어 <무덤시인>파를 낳게 했으며 낭만파의 선구로 일컬어짐.

영 찰스(Young, Charles Augustus) 미국 천문학자. 1877-1905. 저서로 <태양>이 있음.

오긍(吳兢) 중국 당(唐)의 역사가. 670-749. <구당서(舊唐書)>의 기초를 만들고 <정관정요>를 편찬함.

오르테가 이 가세트(Ortega y Gasset, Jose) 스페인 철학자. 1883-1955. 저서로 <척추없는 스페인> <대중의 반역> 등.

오비디우스(Ovidius, Publius) 고대 로마의 시인. B.C.43-A.D.17경. 경묘한 기지로 사랑의 즐거움을 노래한 연애시로 유명. 저서로 대작 <變身譜>가 있다.

오스본 존 제임스(Osborn, John James) 영국 극작가. 1929년 태생. <분노를 담아 돌아보라>로 일약 유명해짐. <분노하는 젊은이들>의 기수적 존재가 됨.

오스틴 제인(Austen, Jane) 영국 여류소설가. 1775-1817. 평온한 일상생활을 정확한 성격묘사로 소화했고 특히 <오만과 편견>은 전통적 영국 소설의 대표작.

오슬러 W.(Osler, William) 영국의 의학자. 저서로 <근대의학의 개혁>이 있음.

오코넬 D.(O'Connel, Paniel) 아일랜드 독립운동 지도자. 1775-1847. 19세기초 아일랜드의 영국 합병에 반대하고 가톨릭 교도의 해방에 진력.

오 헨리 (O Henry) 미국의 단편소설가. 1862-1910. 본명은 William Sydney Porter. <마지막 잎새> <크리스마스 선물> 등 기발한 스토리 전개로 시민생활을 묘사.

와일더 빌리(Wilder, Billy) 오스트리아 출생. 미국 영화감독. 1906년생. 각본가로 출발하여 후에 감독으로 활동. <아파트 열쇠를 빌려 드립니다>로 아카데미상 수상.

와일드 오스카(Wilde, Oscar O'Flahertie Wills) 영국 소설가 · 극작가 · 시인. 1854-1900. 옥스포드대학 재학시절부터 재능을 발휘. 작품으로 소설 <도리안 그레이의 초상> 희곡 <살로메> <하찮은 여자> 시집 <스핑크스> 동화집 <행복한 왕자>.

왕찬(王粲) 중국 후한(後漢) 말기에서 삼국시대 魏나라의 시인. 177-217. <七哀詩> <登樓賦>가 유명.

울만 사뮤엘 (Woolman, Samuel) 독일 태생의 미국 실업가. 1840-1924. 시집 <80세의 세월의 높이에서>.

워너 메이커(Wanamaker, John) 미국 실업가. 1838-1922. 1861년 고급 남성복점(백화점의 선구)을 시작하여 성공.

워즈워드 윌리암(Wordsworth, William) 영국 시인. 1770-1850. 영국 낭만파 최대의 시인으로 콜리지와 함께 호반시인으로 불린다. <서곡> <소요>는 걸작으로 알려진다. 시집으로 <서정민요집>이 있음.

월폴 호레이스(Walpole, Horace W.) 영국 저술가. 1717-97. 서간문의 대가. 작품으로 <오트란토성>이 있다.

웰즈 H.G.(Wells, Herbert George) 영국소설가, 문명비평가. 1866-1946. <투명인간> 등 100여편의 공상과학소설을 썼고 그밖에 <세계문화사대계> <생명의 과학>등이 있다.

웹스터 존(Webster, John) 영국 극작가. 1570경-1634경. 작품으로 <백마> <몰피 공작부인>이 있다.

위고 빅토르(Hugo, Victor Marie) 프랑스 시인 · 극작가 · 소설가. 19세기 낭만파의 거두. 시집으로 <동방시집>이 있고 소설 <레 미제라블>은 숭고한 휴머니즘의 인류유산으로 평가됨.

윌슨 T.W.(Wilson, Thomas Woodrow) 미국의 정치가. 1856-1924. 제28대 대통령. 1차세계대전 참전을 결정. 민족자결, 국제연맹 조직 등을 포함한 14개조항을 제창.

윔파 에드워드(Whymper, Edward) 영국 등산가 · 삽화작가. 1840-1911.

마타호른 최초등반에 성공. 저서 <알프스 등반기>.

유향(劉向) 중국 전한(前漢)의 학자. BC 82-6경. 宣帝, 元帝, 成帝의 3대황제를 섬기고 궁중의 장서 교정에 종사. <설원(說苑)> <신서(新序)> <열녀전(列女傳)> 등을 편찬함.

아리스토텔레스(Aristoteles) 고대 그리스 철학자. BC 384-322. 중세의 스콜라철학 및 후세의 학문에 큰 영향을 줌. <오르가논> <형이상학>.

이백 (李白) 중국 중당(中唐)의 시인. 701-62. 두보(杜甫)가 시성(詩聖)으로 불리는데 대해 시선(詩仙)으로 불린다. 시풍은 호쾌, 자유분방하고 시문집으로 <李太白集>이 있다. 안록산의 란 등으로 관리로서의 생활은 불운했다.

이솝(Æesop) 그리스 우화작가. B.C.620경-B.C.560경. 오늘날의 우화집 원형은 14세기의 승려 프라누데스편의 것.

이연수(李延壽) 중국 초당(初唐)의 학자. <南史>와 <北史> 등 正史를 편찬함.

입센 헨리크(Ibsen, Henrik) 노르웨이 극작가 · 시인. 1828-1906. <인형의 집>은 세계연극사를 일신, 근대연극의 창시자로 일컬어짐.

장재(張載) 중국 북송(北宋)의 유학자. 1020-77. 그의 일원적 철학은 주희(朱熹)에게 영향을 주었다. 저서로 <서명(西銘)> <東銘(동명)> <역설(易說)>이 있음.

장주(莊周) 중국 전국시대의 사상가. B.C.369-B.C.286. 도가사상의 중심인물. 장자(莊子)는 존칭. <莊子>의 저자.

장-파울(Jean Paul) 독일 소설가. 1763-1825. 본명은 Johann Paul Friedrich Richten. 작품으로 <새벽의 명성> <거인>이 있다.

제논(Zenon) 고대 그리스 철학자. 엘레아파의 한사람. 490?-430B.C.

제롬 제롬 K(Jerome, Jerome Klapka) 영국 소설가. 1859-1927. 유머러스한 작풍이 특징. 저서로 <閑人閑想>이 있음.

제임스 W.(James William, J) 미국의 철학자 · 심리학자. 1842-1910. 프래그머티즘을 수립하고 기능적 심리학을 제창함. 저서에 <종교경험의 제상> <심리학 원리>등.

제퍼슨 T.(Jefferson, Thomas) 미국 정치가. 1743-1826. 미국 독립선언문 기초에 공헌. 초대국무장관. 제3대 대통령. 농업의 발전을 중시, 농본주의적 민주주의관은 후세에 영향을 줌.

존슨 H.(Johnson, Hewlett) 영국 국교회 성직자. 1874-1966. 평화운동에 적극 참가하여 1950년 스탈린 평화상 수상. 캔터베리의 적색주교로 일컬어짐. 저서로 <세계의 6대 사회주의> <소련의 힘과 성공> 등.

존슨 벤(Jonson, Ben[Benjamin]) 영국 극작가. 1573경-1637. 고전에 관한 깊은 지식과 생생한 시대풍속을 소재로 냉철한 사실과 가혹한 풍자를 구사함. 출세작 <10인10색> 외에 <에피시니> <연금술사> 등이 있다.

존슨 사뮤엘 (Johnson, Samuel) 영국 평론가. 1709-84. 빈곤속에서 영어사전을 독자적으로 완성. 이후 <영국 시인전> 10권을 집필.

죠이스 제임스 어거스틴(Joyce, James) 아일랜드 소설가. 1882-1941. 대표적 저서 <율리시즈>는 이후의 문학에 지대한 영향을 줌.

주 희(朱熹) 중국 남송(南宋)의 유학자. 1130-1200. 송학의 대성자로 세상에서 주자 또는 주문공으로 일컬어짐. 저서에 <朱子文集>이 있다.

쥬베르 조셉(Joubert, Joseph) 프랑스 모랄리스트. 1754-1824. 사후에 샤토브리앙에 의해 <수상록>이 헌정됨.

지드 앙드레(Gide André) 프랑스의 소설가 · 비평가. 1869-1951. 1947년 노벨문학상 수상. 작품으로 <좁은 문> <전원교향악> <배덕자> 등.

짐록(Simroch, Karl) 독일작가 · 언어학자. 1802-76. 저서로 <독일민속전승> <독일 신화학 입문> 등이 있다.

짐멜 게오르그(Simmel, Georg) 독일 철학자 · 사회학자. 1858-1918. 형식사회학의 제창자로 사회과학 분야에서 뛰어난 업적을 남김. 저서로 <사회적 분화론> <화폐의 철학> 등.

채닝 W.(Channing, William Ellery) 미국 신학자. 1780-1842. 인간 중심의 자유신학을 수립함.

채플린 서 찰스(Chaplin, Charles Spencer) 영국 영화배우 · 감독 · 제작자. 1889-1977. 눈물과 웃음으로 현대 기계문명과 부정을 날카롭게 풍자, 세계적으로 인기를 얻음. 대표작으로 <다임 라이트> <황금광시대> <모던 타임즈>가 있다.

처칠 서 윈스턴(Churchill, Winston) 영국 정치가. 1874-1965. 제2차세계대전중에 수상에 취임하여 자국을 승리로 이끔. <제2차대전 회고록>으로 노벨문학상 수상(1953).

체스터필드 필립 D. S.(Chesterfield, Philip Dormer Stenhope) 영국 정치가. 1694-1773. 기지와 지성으로 넘친 서한집 <아들에게의 편지>는 영문학 사상 특이한 작품임.

체호프 안톤 파블로비치(Chehov, Anton Pavlovich) 러시아 소설가, 극작가. 1860-1904. 작품으로 희곡 <세자매> <벚꽃동산> <갈매기> 등이 있다.

초서 제프리(Chaucer, Geoffrey) 영국 시인. 1340경-1400. 대표작 <캔터베리 이야기>는 영국 근대 국민문학의 출발점이라고 일컬어진다.

츠바이크 스테판(Zweig, Stefan) 오스트리아 소설가 · 시인. 1881-1942. 구미 각지를 여행하고 전기소설, 비평을 발표. <3인의 거장> <마리 앙트와네트> 등.

카로사 한스(Carossa, Hans) 이탈리아계 독일작가 · 의사. 1878-1956. 자전적이고 정신적 내면을 그린 작품을 발표. 대표작 <뷔르거 의사의 운명> <루마니아 전기> 등.

카뮈 A.(Camus, Albert) 프랑스 소설가 · 극작가. 1913-60. 2차대전중 저항운동에 참가하면서 소설 <이방인>, 평론 <시지프의 신화> 등을 발표, 전후에 대작 <페스트>를 발표함. 1957년 노벨문학상 수상.

카스르레(Castlereagh, Viscount) 영국 정치가. 1769-1822. 아일랜드 의회를 거쳐 1794년 영국의회로 들어가 1800년의 아일랜드 합병에 진력.

칼라일 토마스(Carlyle, Thomas) 영국의 평론가 · 사상가 · 역사가.

1795-1881. 저서에 <프랑스 혁명> <영웅 숭배론> 외.

캠벌 T.(Campbell, Thomas) 영국 시인. 1777-1844. <호헨린덴> <발트해의 싸움> 등의 애국적인 전쟁시로 유명.

케네디 존 에프(Kennedy, John Fitzgerald) 미국 정치가. 1917-63. 최연소 미대통령 당선(35대). 63년 11월 텍사스주 유세중 암살당함.

코체부 A.(Kotzebue, August Friedrich ferdinand von) 독일 극작가. 1761-1819. 대표작 <소도시의 독일인>.

콜린스 J. A.(Collins, John Anthony) 영국 자유사상가. 1676-1729. 저서로 <자유사상론> <기독교의 기초와 근거> 등이 있다.

콜린즈 존 찰튼(Collins, John Chalton) 영국의 교육가. 수필가. 1848-1909. 저서로 <경구>등이 있음.

크로포트킨(Kropotkin, Pyotr Alekseevich) 러시아 무정부주의자. 혁명가. 1842-1921. 저서로 <근대과학과 아나키즘> <상호부조론> <어느 혁명가의 수기> <프랑스대혁명> 등이 있다.

크리소스토무스(Chrysostomus, Johannes) 그리스 교부중 최대의 설교가. 347?-407. 콘스탄티노플의 총주교. 이름은 '금(金)의 입'이라는 뜻으로 능변 때문에 붙여짐.

크세노파네스(Xenophanēs) 고대 그리스 철학자. 기원전 6-5세기 경 사람. 엘레아파의 시조로 일컬어짐. 체계적 철학자라기보다는 전통적 의견에 대한 날카로운 비판자로 호메로스나 헤시오스의 의인화된 신을 배척하고 사유에 의해 세계를 지배하는 유일·최고·부동의 신이 있을 뿐이라고 설파함.

클라우디우스 M.(Claudius, Matthias) 독일 시인. 1740-1815. 작품으로 <달은 뜨지 않는다> <죽음과 처녀>등이 있음.

클라우제비츠 K.(ClauseWitz, Karl von) 프로이센 장군. 군사이론가. 1780-1831. 주저 <전쟁론>은 미완성이나 아내 마리아에 의해 정리·출판되었고 근대 전쟁론으로 엥겔스, 레닌 등에게 지대한 영향을 줌.

클라이스트 H.(Kleist, Heinrich von) 독일 극작가·소설가. 1777-1811. 낭만파의 작가로 이상과 현실을 이으려는 격렬한 정열로 객관적,

사실적인 작풍을 보여줌. 생전에는 인정받지 못했으나 그의 희곡과 소설은 리얼리즘의 걸작으로 일컬어진다. 작품에 <헤르만의 싸움> <홈부르크 공자> <칠레의 지진> 등이 있다.

클레 P.(Klee, Paul) 스위스 화가. 판화가. 1879-1940. 독일에서의 초현실주의를 처음 시도하고 추상회화의 개척자로 알려짐. 현상과 환상이 풍부한 작품을 남김. <물고기의 마술> <파르나소스에서> 등.

클레이 헨리(Clay, Henry) 미국 정치가. 1777-1852. 독학으로 변호사가 되고 이후 정계에 입문. 노예문제를 둘러싼 대립 때는 수차례 수습에 진력, '위대한 조정자'로 불림.

키르케고르 제렌 A.(Kierkegaard, Sören Aabye) 덴마크 철학자, 신학자. 1813-55. 주관주의, 개인주의를 제창. 저서로 <불안의 개념> <죽음에 이르는 병> 등이 있다.

키블 존(Keble, John) 영국 신학자 · 시인. 1792-1868. 목사로 일하면서 뉴만 등과 옥스포드운동을 전개하고 팜플렛 '트랙트 포어 더 타임즈'에 집필. 종교시로 <크리스찬 이어>가 있다.

키츠 J.(Keats, John) 영국 시인. 1795-1821. 영국의 낭만파 시인. <엔디미온> <하이피리온> 등의 장편 서사시로 바이런, 셸리 등과 함께 탐미주의적 예술지상주의의 극점을 이루었다.

키케로 M.T.(Cicero, Marcus Tullius) 로마의 정치가 · 철학가 · 웅변가. 106-43 B.C. 다재와 웅변으로 정계에 기반을 가지고 있었으나 안토니우스와 대립하여 추방되어 살해당함.

킹 헨리 (King, Henry) 미국 영화감독. 1896-1982.

타고르 R.(Tagore, Rabindraanāth) 인도 시인 · 사상가. 1861-1941. 1909년 종교적 명상생활에서 나온 벵골어 시집 <기탄잘리>를 간행. 1913년 노벨문학상 수상.

타키투스 코르넬리우스(Tacitus, Cornelius) 로마 제정시대의 역사가 · 연설가. 55경-115 이후. 저서로 <연대기> <역사> <게르마니아>등이 있다.

테니슨 알프레드(Tennyson, Alfred) 영국 시인. 1809-92. <율리시즈>로 빅토리아조 최대의 시인으로 추앙되어 계관시인이 됨. 작품으로

<모드> <추억> <이녹 아덴> 등이 있다.

테미스토클레스(Themistokles) 고대 그리스, 아테네의 정치가 · 군인. 528?-462?B.C. 기원전 480년 살라미스 해전에서 크세록세스 함대를 격파, 큰 승리를 거둠.

테오그니스(Theognis) 그리스 시인. B.C. 6세기경. 교훈시를 많이 썼으며 현존하는 그의 시집에는 다른 사람의 작품도 섞여 있다.

텐(Taine, Hippolyte Adolphe) 프랑스 철학자 · 역사가. 저서로 <영문학사> <근대 프랑스의 기원>이 있음.

텐니에스 페르디낭트(Tönnies, Ferdinand) 독일 사회학자. 1855-1936. 저서로 <게마인샤프트와 게젤샤프트>.

토인비 아놀드 조세프(Toynbee, Arnold Joseph T.) 영국 역사학자. 1889-1975. 마르크스의 결정론적 역사관에 반대하고 인간의 자유의사와 행동에 의한 역사, 분화의 형성을 주장. 주요저서로 <역사연구> <시련대에 선 문명>이 있음.

톨스토이 네흐 니콜라에비치(Tolstoi, Lev Nikolaevich) 러시아 소설가 · 사상가. 1828-1910. 신종교관을 주창하고 내외에 많은 신봉자를 얻음. 작품으로 <전쟁과 평화> <안나카레니나> <부활> 등이 있다.

톰슨 F.(Thomson, Francis) 영국 종교시인. 1859-1907. 절묘한 상상력으로 신비사상을 노래한 처녀시집 중의 <천상의 사냥개>가 유명. 가난과 병고로 시달리다 아편중독으로 죽음.

투르게네프 이반 세르게이비치(Turgenyev, Ivan Sergeevich) 러시아 작가. 1818-83. 작품으로 <사냥꾼의 수기> <아버지와 아들> <첫사랑> 등이 있다.

투키디데스(Thoukydidès) 고대 그리스 역사가. B.C. 460경-400경. 투철한 사안(史眼)과 공평 정확한 서술로 서양역사학의 시조로 불림. 미완성의 <역사> 8권은 세계 최초의 과학적 역사서술로 평가됨.

파스칼 블레이즈(Pascal, Blaise) 프랑스 과학자 · 철학자. 1623-62. 원추곡선의 파스칼 정리, 유체압력의 파스칼 원리를 발견. 그가 남긴 <명상록>은 그의 사후에 친구들에 의해 정리되었다.

파스퇴르(Pasteur, Louis) 프랑스의 화학자 · 생물학자. 1822-95. 유산균, 효모균 발견. 탄저병, 광견병의 예방접종법을 발견함.

페기 C.P.(Péguy, Charles Pierre) 프랑스 시인 · 평론가. 1873-1914. 사회주의자로 드레퓌스 옹호운동의 일원으로 활약. 작품으로 <우리의 조국> <잔다르크의 애덕> 등이 있다.

페인 T.(Paine, Thomas) 영국의 정치평론가. 1737-1809. 1774년 도미하여 반영사상을 고취하고 본국에서 <인간의 권리> 등을 내었으나 박해를 받아 프랑스로 도피하여 <이성의 시대>를 출판함.

페티 윌리암(Petty, William) 영국의 경제학자 · 자연과학자. 1623-87. 노동가치설을 처음으로 제창. 주요저서에 <조세 공납론> <정치산술> 등이 있음.

포드 헨리(Ford, Henry) 미국 자동차왕. 1863-1947. 근대적인 조립라인을 채용하여 자동차의 대량생산 방식을 도입함.

포 에드가 알렌 (Poe, Edgar Allan) 미국 소설가 · 시인. 1809-49. 작품으로 <검은 고양이> <쇠똥벌레>등이 있다.

포이에르 바하(Feuerbach, Ludwig Andreas) 독일 철학자. 1804-72. 익명으로 낸 <죽음 및 불사에 관한 고찰>이 물의를 일으켜 교직에서 물러남. 주요 저서로 <기독교의 본질> <유심론과 유물론> 등이 있다.

포프 알렉산더(Pope, Alexander) 영국 시인. 1688-1744. 호메로스의 <일리어드> 번역으로 인정받고 영국 고전주의 문학의 중심적 인물이 됨. 작품으로 <비평론> <머리칼 도둑> 등이 있다.

퐁트넬 베르나르 B.(Fontenelle, Bernard le Bovier) 프랑스 사상가 · 극작가. 1657-1757.

푸시킨 세르게이비치(Puskin, Aleksander Sergeevich) 러시아 시인 · 작가. 1799-1837. 러시아 근대문학의 아버지로 일컬어짐. 작품으로 <스페이드여왕> <대위의 딸> 등이 있다.

프랑스 아나톨(France, Anatole) 프랑스 작가 · 비평가. 1844-1924. 시집으로 <황금시집>이 있고 1921년 노벨문학상 수상. 작품으로 <타이스> <신들은 목마르다> 등.

프랭클린 벤자민(Franklin, Benjamin) 미국 정치가 · 과학자. 1706-90. 피뢰침을 발명. 또한 독립선언 기초위원의 한사람으로 후에 펜실베이니아 주지사로 일함. 저서로 <자서전>이 있다.

프레보 아베(Prévost, d'Exiles, Antoine François) 프랑스 소설가. 1697-1763. 통칭은 아베 프레보(Abbé Prévost). 파란많은 생애를 그린 연작집 <어느 귀인의 회상록> 중 유명한 <마농레스코>는 제7권에 들어있음.

프로페르티우스(Propertius, Sextus) 로마의 시인. 기원전 1세기경. 캔티아라는 여성에의 연정과 실연의 슬픔을 표현한 시를 씀.

프뢰벨 F.W.A.(Fröbel, Friedrich Wilhelm August) 독일의 교육가. 1782-1852. 루소, 페스탈로치의 영향을 받아 진보적 교육사상을 품고 교회와 정부의 박해를 받으며 유명한 <인간교육>을 발간.

프루스트 M.(Proust, Marcel) 프랑스 소설가. 1871-1922. 대표작 <잃어버린 시간을 찾아서>.

플라우투스(Plautus, Titus Maccius) 로마의 희극작가. BC 254경-184. <떠버리 군인> <황금항아리> 등 서민의 웃음이 가득 담긴 21편의 작품을 남김.

플러 토마스(Fuller, Thomas) 영국 성직자. 1608-61. 찰스2세의 특별목사. 저서로 <십자군사>가 있다.

플레처 존(Fletcher,John) 영국 극작가. 1579-1625. 작품으로 <처녀의 비극> 등이 있다.

플로베르 구스타프(Flaubert, Gustave) 프랑스 소설가. 1821-80. 작품으로 리얼리즘 문학의 기념비적 존재인 <보봐리부인>을 비롯 <감정교육> 역사소설 <살람보> 등이 있다.

플르타르코스(Plutarchos) 로마 제정시대의 그리스계 저작가. 46경-120경. 저서 <대비열전(對比列傳)>은 <영웅전>이라고도 불리는 유명한 책이다.

플리니우스 가이우스 P.S.(Plinius, Gaius P.Secundus) 로마의 장군 · 정치가, 박물학자. 23경-69. 저서 <자연사> 전18권은 모든 분야에 걸쳐서 기록한 백과사전적 성격을 띰.

피샤르트 요한(Fischart, Johann) 독일 시인. 1546-90. 루터시대의 대표적 풍자작가로 50편 이상의 작품을 남김.

피카소 P.R.(Picasso, Pablo Ruiz) 스페인의 화가. 1881-1973. 1900년 파리로 나와 본격적 회화활동을 전개. 스페인 내란중에는 독일군의 무차별 폭격에 항의하여 대작 <게르니카>를 그림.

피타고라스(Pythagoras) 고대 그리스 철학자 · 수학자. 582?-500? BC. 수를 만물의 근원으로 생각했고 수학상의 '피타고라스 정리'로 유명.

피히테 J. G.(Fichte, Johann Gottlieb) 독일의 철학자. 1762-1814. <독일국민에게 고함>이란 강연으로 유명. 저서로 <지식학>등이 있음.

필딩 헨리(Fielding, Henry) 영국 소설가. 1707-54. 영국소설의 아버지로 불리며 작품으로 <조셉 앤드루즈> <톰 존스>가 있다.

필립스 W.(Phillips, Wendel) 미국의 사회개혁가. 1811-1884. 노예 폐지론자로 활약.

하이네 하인리히(Heine, Heinrich) 독일 시인. 1797-1858. 낭만주의의 완성자로 일컬어지며 작품으로 <노래의 책> <헬그란드 소식> <독일 겨울 이야기> 등이 있다.

하이데거 M.(Heidegger, Martin) 독일 철학자. 1889-1976. 후설의 현상학에서 출발하여 그 방법에 대한 실존주의적 존재론을 수립. 저서로 <존재와 시간> <근거의 본질>이 있다.

하이제 P.(Heyse, Paul von) 독일작가. 1830-1914. 유미적 이상주의 입장에 선 많은 단편을 남김. 실러상 및 1910년 독일 최초의 노벨문학상 수상. 대표작 <세계의 아이들> <최후의 켄타우르> 등.

한비(韓非) 중국 전국시대 말기의 사상가. ?-B.C.233. 한비자 55편을 저술하여 정치방법을 논함.

허버트 조지(Herbert, George H.) 영국 신학자, 시인. 1593-1633. 시집 <성당>은 그의 만년 3년 동안의 종교생활의 결정판.

허즐리트 윌리암(Hazlitt, William) 영국 비평가 · 수필가. 1778-1830. 저서에 <세익스피어극 인물론> <영국시인 강의> <탁상담화> 등이 있다.

헌트 제임스 헨리 L(Hunt, James Henry Leigh) 영국의 수필가 · 시인. 1784-1859.

헤겔 G.F.W.(Hegel, Georg Wilhelm Friedrich) 독일의 철학자. 독일관념론 철학 최후의 대표자로 철학체계의 근간으로 정 · 반 · 합의 변증법을 전개. 주요저서로 <정신현상학> <논리학> <법철학 강요> 등이 있다.

헤라클레이토스(Herakleitos) 고대 그리스의 철학자. 기원전 6-5세기의 사람. 만물의 원질은 불이며 모든 사물은 불이 변성된 것이며 '싸움은 만물의 아버지'라고 주장함.

헤로도투스(Hērodotus) 고대 그리스 역사가. 484?-425?B.C. 페르시아전쟁을 중심으로 동방제국의 역사 · 전설 및 그리스 여러 도시의 역사를 서술한 <역사> 9권으로 역사의 아버지로 불림.

헤밍웨이 E. M.(Hemingway, Ernest) 미국의 소설가. 1899-1961. 1차세계대전 종군 경험을 토대로 <해는 또다시 뜬다> <무기여 잘 있거라> 등을 발표. 그외 <누구를 위하여 종을 울리나>가 있고 <노인과 바다>로 1954년 노벨문학상을 수상.

헤세 헤르만(Hesse, Hermann) 독일 태생의 스위스 작가, 시인. 1877-1962. 노벨문학상 수상. 20세기 시민문학의 대표적 존재로 작품 <차바퀴 밑에서> <데미안> <싯달타> 등이 유명.

헤시오도스(Hesidos) 기원전 8세기 경의 그리스 서사시인. <일과 나날> <신통기(神通記)>가 있다.

헤이우드 윌리암 D.(Haywood, William Dudley) 미국 노동운동가. 1869-1928. 세계산업노동조합 결성에 참여. 저서로 <산업사회주의>가 있다.

헨리 P.(Henry, Patrick) 미국 정치가. 1736-99. 버지니아 식민지 하원의원으로 당선되어 '65년 인지세법에 반대. '75년 방위체제 확립 및 민병훈련을 주장하고 유명한 '자유인가 죽음인가'의 연설을 남김.

호돈 나다니엘(Hawthorne, Nathaniel) 미국 소설가. 1804-64. 대표작 <주홍글씨>를 써서 미국문단의 개척자로 알려짐.

호라티우스 플라쿠스 퀸투스(Horatius, Flaccus Quintus) 로마의 계관시인. B.C.65-B.C.8. 황제 아우구스투스의 사랑을 받아 계관시인의 지위를 획득함. 작품으로 <서한집> <수상시> <가요(歌謠)> 등이 있다.

호메로스(Homeros) 고대 그리스 최대의 서사시인. 기원전 8세기경에 활약했으나 생몰년은 미상. 불명한 점이 많아 고대부터 논쟁의 표적이 되었으나 오늘날은 2대 서사시 <일리어스>와 <오뒷세이아>를 쓴 실존시인이라는 설이 유력.

호치민(胡志明) 베트남 혁명가. 1890-1969. 본명 NguyenTat Thanh. 공산주의자로 2차대전중 베트남 독립동맹을 조직, 항일전쟁을 지도. 전후 북베트남의 지도자가 됨.

홉즈 토마스(Hobbes, Thomas) 영국 철학자·정치학자. 1588-1679. 사회계약론의 원점이 되는 계약 개념을 제기. 저서에 <리바이어던> <인간론>이 있음.

홍응명(洪應明) 중국 명나라 사람. 생몰년은 미상. <채근담(菜根談)>의 저자.

후고 드 생 빅토르(Hugo, Saint-Victore) 프랑스의 스콜라학자, 신비주의 철학자. 1096경-1141. 이른바 빅토르학파의 대표적 인물.

후꾸자와유키치(福澤諭吉) 일본 메이지시대의 교육가. 계몽사상가. 1938-1901. 저서에 <서양사정> <학문의 권유> <문명론 개략> 등이 있다.

훔볼트 칼 빌헬름 폰(Humboldt, Karl Wilhelm von H.) 독일 언어학자·외교관. 1767-1835. 독일 인문주의의 대표적 전형. 저서로 <자바섬의 가비어 연구> <국가기능 영역론>.

휘트먼(Whitman, Walt) 미국의 시인. 1819-92. 시집 <풀잎>은 대표적인 민주주의 시집으로 평가됨. 산문으로 <민주주의 전망>이 있다.

흄 데이비드(Hume, David) 영국 철학자, 역사학자. 1711-76. 뉴튼 철학을 인간적 영역에 적용하여 인간학을 제창, 칸트에 큰 영향을 주었다. 저서로 <인성론> <영국사>등이 있다.

힐티 칼(Hilty, Carl) 스위스 법학자, 철학자. 1833-1909. 대학교수로 일하다 국회의원이 됨. 저서로 <행복론> <잠못이루는 밤을 위하여> 등이 유명.

편자소개

황해도 연백 출생. 서울 문리대를 거쳐 오사카 외대에서 수학. 시사일본어연구사, 현대일본어연구사에서 편집장으로 일함.

편저서로 이 책외에 <이 영원한 삶의 진실을 찾아서> <한자의 자원> 등이 있고 역서로는 어떻게 성공할 것인가> <마지막 황제> <인간 이 미지의 존재> <어떻게 사랑할 것인가> <문제해결의 노하우> 외 다수가 있다.

한마디 말의 영원한 의미

초판 인쇄일 1995년 10월 25일
초판 발행일 1995년 10월 30일

편저자 이 희 구
발행자 이 영 구
발행처 한마음사

서울 마포구 성산1동 103-21
전화 3141-0361~5
팩시밀리 989-3272
등록 제 1-509
등록일 1978년 11월 16일

ISBN 89-7800-025-8 04110